Sensibilización y formación en integración social y convivencia intercultural

avanza editorial

Editado por:
EDITORIAL FAE, S.L.U.
Correo electrónico: editorial@editorialfae.com

Sensibilización y formación en integración social y convivencia intercultural
Elsa Rubio Dulce

1ª Edición

ISBN: 978-84-1135-348-9

Impreso en España

Índice

U. A. 1. La Administración y el Estado en España

Introducción

Objetivos

1. Evolución histórica del Estado español
2. Principios del Estado social y democrático de derecho
3. La Constitución Española: estructura y valores fundamentales
4. División de poderes: legislativo, ejecutivo y judicial
5. Organización territorial: comunidades autónomas, provincias y municipios
6. Funcionamiento de la Administración pública
7. Estado del bienestar: servicios, protección social y derechos

RESUMEN

GLOSARIO

EJERCICIOS DE AUTOEVALUACIÓN

U. A. 2. Sistema educativo y acceso a la educación

Introducción

Objetivos

1. El derecho a la educación en España
2. Estructura del sistema educativo español
3. La lengua como herramienta de inclusión y participación
4. Educación para personas adultas y formación profesional
5. Becas y ayudas al estudio
6. Educación y su papel en la integración social

RESUMEN

GLOSARIO

EJERCICIOS DE AUTOEVALUACIÓN

U. A. 5. Participación ciudadana y convivencia

Introducción

Objetivos

1. ¿Qué es la participación social?
2. Mecanismos de participación: individual y colectiva
3. Diversidad cultural y barreras a la participación
4. Elaboración de un plan personal de participación

RESUMEN

GLOSARIO

EJERCICIOS DE AUTOEVALUACIÓN

U. A. 6. Acceso y gestión de la vivienda

Introducción

Objetivos

1. Tipos de vivienda y características del mercado inmobiliario
2. Contrato de alquiler: derechos, deberes y condiciones
3. Cómo buscar una vivienda de forma eficaz
4. Subvenciones y ayudas para el acceso a la vivienda
5. Vivienda protegida: requisitos y procedimientos
6. Seguro del hogar: utilidad y cobertura

RESUMEN

GLOSARIO

EJERCICIOS DE AUTOEVALUACIÓN

U. A. 7. El sistema fiscal en España

Introducción

Objetivos

1. Principales impuestos en el sistema tributario español
2. Concepto y determinación de la residencia fiscal
3. El IRPF: características, tramos y declaraciones
4. El IVA y su aplicación en la vida cotidiana

RESUMEN

GLOSARIO

EJERCICIOS DE AUTOEVALUACIÓN

U. A. 8. Extranjería y el sistema jurídico español

Introducción

Objetivos

1. Derechos y deberes de las personas extranjeras en España
2. Supuestos y consecuencias de la expulsión del territorio
3. Trámites y procedimientos más frecuentes en materia de extranjería

RESUMEN

GLOSARIO

EJERCICIOS DE AUTOEVALUACIÓN

U. A. 9. Derechos y protección legal de las personas extranjeras

Aplicaciones prácticas

Ejercicio de evaluación final

Solucionario

Bibliografía

U. A. 1. La Administración y el Estado en España

Introducción

Conocer el funcionamiento del Estado es fundamental para integrarse plenamente en la sociedad española. Esta unidad ofrece una visión general del sistema político y administrativo, desde su historia reciente hasta la organización actual basada en una Constitución democrática. Se explican las funciones de los poderes del Estado, la distribución territorial y el papel de los servicios públicos dentro del Estado del bienestar. Esta información permite comprender mejor los derechos, deberes y oportunidades de participación ciudadana.

Objetivos

- Comprender la evolución histórica y los fundamentos del Estado español.
- Identificar la estructura de la Constitución y los valores que sustenta.
- Reconocer la división de poderes y sus funciones dentro del sistema democrático.
- Familiarizarse con la organización territorial del Estado y el funcionamiento de la Administración pública.

1. Evolución histórica del Estado español

El Estado español ha pasado por distintas etapas políticas y sociales que han configurado su estructura actual. A lo largo de la historia, el país ha evolucionado desde formas de poder absolutista hacia un sistema democrático y descentralizado.

En los siglos XVI y XVII, bajo los reinados de los Austrias y los Borbones, España fue una monarquía autoritaria y centralista, en la que el poder estaba concentrado en la figura del rey. No existía separación de poderes ni participación ciudadana en la vida política.

Fig. 1. Con el paso del tiempo, surgieron movimientos liberales que reclamaban constituciones y derechos civiles

Durante el siglo XIX, se produjeron avances importantes hacia un Estado moderno. Se aprobaron varias constituciones y comenzó a desarrollarse una administración pública más estructurada. Sin embargo, estos avances fueron inestables y estuvieron acompañados de periodos de guerras, dictaduras y regresiones democráticas.

El siglo XX marcó un punto de inflexión. Tras una etapa de monarquía constitucional, la Segunda República Española (1931–1939) instauró derechos sociales, educación pública y voto femenino. No obstante, fue seguida por la Guerra Civil (1936–1939) y la dictadura franquista, que duró hasta 1975.

Con la muerte de Franco, se inició el proceso de transición democrática. En 1978 se aprobó la **Constitución Española**, que estableció un Estado social, democrático y de derecho, con separación de poderes, reconocimiento de derechos fundamentales y una organización territorial basada en comunidades autónomas.

Anotación

La Constitución de 1978 es la norma fundamental del país y marca el inicio de la actual etapa democrática, reconociendo la pluralidad cultural y política del Estado.

2. Principios del Estado social y democrático de derecho

El modelo actual de Estado en España se basa en tres pilares fundamentales: ser social, democrático y de derecho. Estos conceptos están recogidos en el artículo 1.1 de la Constitución Española.

Cuando se dice que el Estado es social, se reconoce su compromiso con el bienestar de la población. Esto implica garantizar servicios públicos básicos como la sanidad, la educación, la vivienda o las pensiones, buscando reducir desigualdades y proteger a los sectores más vulnerables.

Fig. 2. El carácter democrático del Estado significa que el poder reside en el pueblo

Los ciudadanos eligen a sus representantes mediante elecciones libres y periódicas. Además, la participación política y social está protegida y fomentada.

Ser un Estado de derecho quiere decir que todas las personas, incluidas las autoridades, están sometidas a la ley. El sistema jurídico garantiza el respeto a los derechos fundamentales y ofrece mecanismos para reclamar en caso de vulneración.

Ejemplo

Una persona extranjera con residencia legal en España tiene derecho a la protección judicial en igualdad de condiciones que un ciudadano español, por ejemplo, en un juicio laboral o en el acceso a servicios públicos.

Estos principios no son solo teóricos: se traducen en leyes concretas, programas sociales, y procedimientos que permiten la convivencia y el respeto mutuo entre todas las personas, sin importar su origen.

3. La Constitución Española: estructura y valores fundamentales

La **Constitución Española de 1978** es la norma suprema del ordenamiento jurídico español. Todos los poderes públicos y ciudadanos deben respetarla. Su aprobación marcó el inicio de la actual etapa democrática tras la dictadura franquista, y fue el resultado de un amplio consenso político y social.

Su estructura está compuesta por un Preámbulo, una Parte Dogmática (derechos, libertades y principios), una Parte Orgánica (organización del Estado), y una serie de Disposiciones adicionales y transitorias.

En cuanto a sus valores fundamentales, el texto constitucional proclama que España se constituye como un Estado social y democrático de derecho, que promueve como valores superiores:

- La libertad, como derecho básico de las personas a decidir y actuar.
- La justicia, entendida como garantía de igualdad ante la ley.
- La igualdad, que reconoce la misma dignidad para todas las personas, sin distinción.
- El pluralismo político, que permite la existencia de diferentes ideas, partidos y formas de pensar.

También se establecen otros principios esenciales como la soberanía nacional, que reside en el pueblo; la indisoluble unidad de la nación española; y el reconocimiento y autonomía de las nacionalidades y regiones.

 Ejemplo

La Constitución garantiza que cualquier persona, independientemente de su nacionalidad, tiene derecho a la tutela judicial efectiva, a la educación básica gratuita o a la protección de la salud, conforme a lo que determinen las leyes.

Fig. 3. El respeto a la Constitución es clave para que todos podamos convivir en igualdad, seguridad y con garantías jurídicas, incluso en situaciones de conflicto o desacuerdo

4. División de poderes: legislativo, ejecutivo y judicial

Una de las bases fundamentales del sistema democrático español es la separación de poderes. Este principio garantiza que el poder del Estado no se concentre en una sola institución o persona, y que exista un equilibrio entre distintas funciones. Así se evita el abuso de poder y se protege la libertad y los derechos de la ciudadanía.

Esta división se inspira en las ideas del filósofo ilustrado Montesquieu, quien propuso que los tres poderes principales del Estado debían estar separados para garantizar una sociedad justa y libre. En España, esta separación se refleja en tres poderes: **legislativo, ejecutivo** y **judicial**.

A. Poder legislativo: hacer las leyes y controlar al Gobierno

El poder legislativo recae en las Cortes Generales, que están formadas por dos cámaras:

- El Congreso de los Diputados, cuyos miembros son elegidos por sufragio universal (voto libre y directo de la ciudadanía).
- El Senado, que actúa como cámara de representación territorial, donde también se eligen senadores por voto directo, aunque algunos son designados por las comunidades autónomas.

Sus principales funciones son:

- Elaborar y aprobar las leyes que rigen la vida del país.
- Aprobar los presupuestos generales del Estado, es decir, decidir cómo se van a gastar los recursos públicos.
- Controlar la acción del Gobierno, pudiendo incluso pedir su dimisión mediante un mecanismo llamado moción de censura.

Ejemplo

Si el Gobierno propone una ley para modificar el sistema de becas escolares, esta debe ser debatida y aprobada por las Cortes Generales.

B. Poder ejecutivo: gobernar y aplicar las leyes

El poder ejecutivo está en manos del Gobierno de España, que se encarga de dirigir la política nacional e internacional y de hacer cumplir las leyes aprobadas por las Cortes. Está formado por:

- El Presidente del Gobierno, elegido por el Congreso tras una propuesta del Rey.
- Los ministros, que dirigen cada uno un área específica (sanidad, educación, interior, etc.).
- Secretarios y otros cargos que colaboran en la administración del país.

Este poder gestiona el día a día del país, organiza los servicios públicos y representa a España en el exterior.

Anotación

El Gobierno no puede hacer leyes por su cuenta. Solo puede proponerlas al Parlamento, que decide si se aprueban. Esta limitación forma parte del control democrático del poder.

C. Poder judicial: juzgar y hacer cumplir la ley

El **poder judicial** es el encargado de aplicar la ley, resolver conflictos y proteger los derechos de las personas.

Está formado por:

- Jueces y magistrados, que actúan en diferentes niveles (juzgados, audiencias provinciales, tribunales superiores, etc.).
- Tribunales, como el Tribunal Supremo, que es el órgano judicial superior en todos los órdenes, y el Tribunal Constitucional, que vela por el cumplimiento de la Constitución.

Este poder es independiente. Eso significa que los jueces no pueden recibir órdenes ni presiones del Gobierno, del Parlamento ni de ningún otro poder.

Fig. 4. El poder judicial es independiente, solo debe obedecer la ley

Si una persona extranjera sufre un despido injustificado en su trabajo, puede acudir a un juzgado de lo social para que un juez revise el caso y determine si se ha vulnerado su derecho laboral.

La independencia judicial es esencial para que la justicia funcione de forma imparcial. Gracias a ella, cualquier persona, sea ciudadana española o extranjera, puede defender sus derechos ante los tribunales sin temor a que el juez esté influido por intereses políticos, económicos o personales.

Además, existen órganos de gobierno del poder judicial, como el Consejo General del Poder Judicial, que garantiza que los jueces sean nombrados y evaluados según criterios profesionales y objetivos.

Anotación

La justicia también protege a las personas más vulnerables. Por ejemplo, si alguien sufre violencia de género o trata de seres humanos, puede recibir protección especial gracias a las decisiones judiciales.

5. Organización territorial: comunidades autónomas, provincias y municipios

España es un Estado descentralizado, lo que significa que no todo el poder y la toma de decisiones están concentrados en el Gobierno central. Este modelo de organización busca acercar la administración y los servicios públicos a las personas, respetando las diferencias culturales, lingüísticas, geográficas e históricas de los distintos territorios del país.

Fig. 5. La organización territorial permite que las decisiones se tomen lo más cerca posible de las personas, respetando la diversidad cultural y social de cada territorio

Esta descentralización está reconocida por la **Constitución Española de 1978**, que permite la existencia de diferentes niveles de gobierno con competencias propias. Así, el territorio español se organiza en tres niveles principales: comunidades autónomas, provincias y municipios.

A. Comunidades autónomas: autogobierno y competencias propias

Las comunidades autónomas son entidades territoriales con capacidad de autogobierno. España cuenta con 17 comunidades autónomas y 2 ciudades autónomas (Ceuta y Melilla). Cada comunidad autónoma tiene:

- Un **Parlamento autonómico**, elegido por la ciudadanía de la región, que aprueba leyes propias en materias transferidas por el Estado.
- Un **Gobierno autonómico**, encabezado por un presidente o presidenta.
- Un **Estatuto de Autonomía**, que actúa como su "constitución regional", determinando sus instituciones, competencias y funcionamiento.

Algunas competencias son comunes en todas las comunidades (como sanidad, educación o servicios sociales), mientras que otras, como la gestión de la policía autonómica o el uso oficial de lenguas propias, varían según la región.

 Ejemplo

En Andalucía, el sistema de salud público depende del Servicio Andaluz de Salud (SAS), mientras que en Cataluña depende del Institut Català de la Salut. Ambos tienen competencias en materia sanitaria, pero gestionan los recursos de forma autónoma.

El modelo autonómico busca equilibrar la unidad del Estado con el reconocimiento de la diversidad. Es un modelo único en Europa por su grado de descentralización.

B. Provincias: coordinación intermunicipal

Las provincias son divisiones administrativas intermedias entre las comunidades autónomas y los municipios. En total, España está dividida en 50 provincias. Su función principal es coordinar los servicios entre los municipios, especialmente aquellos con menos recursos o menor población.

Cada provincia (excepto en las comunidades autónomas que solo tienen una provincia) cuenta con una Diputación Provincial, que:

- Proporciona apoyo técnico y económico a los municipios pequeños.
- Organiza servicios comunes, como redes de carreteras, recogida de residuos o servicios de emergencia.
- Gestiona infraestructuras de ámbito provincial.

Ejemplo

Un pequeño municipio sin suficientes medios económicos puede contar con la ayuda de la Diputación para financiar el transporte escolar o los servicios sociales básicos.

C. Municipios: cercanía a la ciudadanía

El municipio es la unidad territorial más próxima a la vida cotidiana de las personas. En España existen más de 8.000 municipios, y cada uno tiene su propio ayuntamiento, formado por:

- El alcalde o alcaldesa, elegido por el pleno municipal.
- Un número de concejales, que varía según el tamaño de la población.

Los ayuntamientos son responsables de gestionar los servicios públicos locales, como:

- El empadronamiento, necesario para acceder a servicios sociales, sanidad y educación.
- El mantenimiento de calles, alumbrado, limpieza y recogida de basuras.
- El transporte público urbano, licencias de obras y permisos de actividades comerciales.
- Programas de intervención social, integración de personas migrantes y participación ciudadana.

Ejemplo

Una persona extranjera que llega a España debe empadronarse en su municipio para poder acceder al sistema sanitario, escolarizar a sus hijos o solicitar ayudas sociales.

Fig. 6. Los municipios grandes, como Madrid, Barcelona o Sevilla, pueden tener distritos con administración descentralizada para facilitar la atención directa en los barrios

6. Funcionamiento de la Administración pública

La **Administración pública** es el conjunto de instituciones y organismos que ejecutan las decisiones del Estado y prestan servicios a la ciudadanía. Su actuación debe estar siempre sometida a la legalidad, la transparencia y la eficiencia.

Entre sus funciones principales destacan:

- Aplicar las leyes aprobadas por los parlamentos.
- Ofrecer servicios públicos como educación, sanidad, seguridad o empleo.
- Gestionar recursos públicos, como los impuestos.
- Atender a la ciudadanía, resolver trámites y facilitar información.

El personal que trabaja en la Administración puede ser funcionario (tras superar una oposición), personal laboral o eventual. Estas personas están al servicio del interés general, no de un partido político o grupo determinado.

Fig. 7. La Administración pública debe garantizar el trato igualitario, la accesibilidad lingüística y la atención adecuada a todas las personas, sin discriminación por origen, lengua o situación administrativa

Para facilitar la relación con la ciudadanía, la Administración se organiza en **niveles: estatal, autonómico y local**, y cuenta con oficinas físicas y herramientas digitales (como los portales de administración electrónica).

Una persona extranjera que necesita renovar su permiso de residencia puede hacerlo en una oficina de extranjería, siguiendo un procedimiento establecido y aportando la documentación requerida.

7. Estado del bienestar: servicios, protección social y derechos

El **Estado del bienestar** es un modelo que busca asegurar a todas las personas un nivel mínimo de calidad de vida, independientemente de su situación económica. Se basa en la redistribución de la riqueza a través de impuestos y en el acceso universal y gratuito (o parcialmente subvencionado) a ciertos servicios básicos.

Los principales pilares del Estado del bienestar en España son:

- La sanidad pública, accesible para todas las personas empadronadas.
- La educación pública gratuita, obligatoria desde los 6 hasta los 16 años.

- La protección social, que incluye prestaciones por desempleo, pensiones, ayudas a la vivienda o a las familias en situación de vulnerabilidad.
- La dependencia y atención social, para personas mayores o con discapacidad.

Una familia recién llegada con menores puede escolarizar a sus hijos en un centro público sin coste, y solicitar ayudas al comedor escolar o al transporte si lo necesita.

Fig. 8. Existen políticas activas de igualdad de género, inclusión social, diversidad cultural y protección de menores

Para acceder a muchos de estos derechos, es importante estar empadronado y tener la documentación básica en regla, aunque en situaciones de vulnerabilidad existen mecanismos de protección incluso para personas en situación irregular.

Resumen

Esta unidad ofrece una visión general del funcionamiento político, territorial y administrativo del país, con el fin de facilitar la integración de las personas extranjeras. El recorrido comienza con un repaso de la evolución histórica del Estado español, desde las formas de gobierno absolutistas hasta la consolidación democrática que siguió a la aprobación de la Constitución de 1978. Esta transformación permitió construir un Estado moderno, basado en la participación ciudadana, los derechos fundamentales y la descentralización territorial.

La Constitución Española es la norma suprema del sistema jurídico y establece que España es un Estado social, democrático y de derecho. En ella se consagran valores esenciales como la libertad, la justicia, la igualdad y el pluralismo político. Además, garantiza derechos y deberes para todas las personas, independientemente de su nacionalidad, y estructura el funcionamiento del Estado mediante la división de poderes: el legislativo, que elabora las leyes; el ejecutivo, que las aplica y gestiona los asuntos públicos; y el judicial, que vela por su cumplimiento de forma independiente.

En cuanto a su organización territorial, España se divide en comunidades autónomas, provincias y municipios. Las comunidades autónomas disponen de gobiernos propios con competencias amplias, mientras que los municipios son la instancia más cercana a la ciudadanía y gestionan servicios básicos como el empadronamiento, la limpieza o la atención social. Esta estructura permite adaptar la acción del Estado a las características culturales, sociales y económicas de cada territorio.

El funcionamiento de la Administración pública garantiza que las decisiones políticas se traduzcan en servicios reales para la población. Su personal tiene el deber de actuar con objetividad, legalidad y respeto hacia todas las personas, gestionando recursos públicos y atendiendo trámites administrativos en oficinas físicas y plataformas digitales. Por último, el modelo del Estado del bienestar asegura el acceso a servicios fundamentales como la educación, la sanidad, las pensiones o las ayudas sociales, especialmente orientados a reducir las desigualdades y proteger a los colectivos más vulnerables.

Glosario

Administración pública

Conjunto de organismos y personas que gestionan los asuntos del Estado y prestan servicios a la ciudadanía (por ejemplo, ayuntamientos, ministerios o consejerías).

Comunidad autónoma

Territorio con competencias propias dentro del Estado español. En España hay 17 comunidades autónomas, como Andalucía, Cataluña o Madrid.

Constitución Española

Norma fundamental del ordenamiento jurídico en España. Establece los derechos y deberes de las personas y organiza el funcionamiento del Estado.

Estado de bienestar

Modelo político y social en el que el Estado garantiza servicios básicos como sanidad, educación y protección social a todas las personas.

División de poderes

Organización del Estado en tres funciones principales: legislativo (hace las leyes), ejecutivo (gobierna y administra) y judicial (aplica las leyes y resuelve conflictos).

Municipio

Entidad territorial más pequeña del Estado. Tiene su propio ayuntamiento y gestiona servicios locales como limpieza, agua o transporte.

Ejercicios de autoevaluación

1. **¿En qué año se aprobó la Constitución Española actualmente en vigor?**

   a. 1931.
   b. 1986.
   c. 2000.
   d. 1978.

2. **¿Qué poder del Estado es responsable de aplicar las leyes y gestionar la política diaria del país?**

   a. Poder legislativo.
   b. Poder judicial.
   c. Poder autonómico.
   d. Poder ejecutivo.

3. **¿Qué institución representa al poder legislativo en España?**

   a. El Tribunal Supremo.
   b. Las Cortes Generales.
   c. El Consejo de Ministros.
   d. El Tribunal Constitucional.

4. **¿Cuál es el nivel más cercano a la ciudadanía en la organización territorial española?**

   a. Comunidad autónoma.
   b. Provincia.
   c. Municipio.
   d. Delegación del Gobierno.

5. ¿Qué documento reconoce oficialmente la autonomía de cada comunidad autónoma?

    a. Ley de bases del territorio.

    b. Estatuto de autonomía.

    c. Constitución provincial.

    d. Decreto de autogestión.

6. ¿Cuál de estas funciones corresponde a los ayuntamientos?

    a. Dictar leyes.

    b. Gestionar el empadronamiento.

    c. Conceder permisos de residencia.

    d. Aprobar los presupuestos generales del Estado.

7. ¿Qué principio garantiza que todos deben cumplir la ley, incluidas las autoridades públicas?

    a. Estado de derecho.

    b. Igualdad territorial.

    c. Soberanía nacional.

    d. División de poderes.

8. ¿Qué poder garantiza la independencia de los jueces en sus decisiones?

    a. Ejecutivo.

    b. Judicial.

    c. Autonómico.

    d. Constitucional.

9. **¿Cuál es una condición básica para acceder a la mayoría de los servicios públicos en España?**

   a. Tener nacionalidad española.

   b. Estar empadronado.

   c. Haber trabajado más de un año.

   d. Tener estudios homologados.

10. **¿Qué nombre recibe el modelo de Estado que asegura servicios básicos como sanidad y educación?**

    a. Estado del bienestar.

    b. Estado liberal.

    c. Estado asistencialista.

    d. Estado federal.

U. A. 2. Sistema educativo y acceso a la educación

Introducción

La educación es un derecho reconocido por la Constitución y una herramienta clave para la inclusión y la igualdad de oportunidades. Esta unidad presenta el sistema educativo español, sus etapas y recursos disponibles.

Se destacan las opciones para personas adultas, la importancia del aprendizaje del idioma y las ayudas económicas que facilitan el acceso a la educación. La escuela no solo transmite conocimientos; también promueve la convivencia y la participación social.

Objetivos

- Identificar las etapas del sistema educativo español y sus características.
- Conocer los derechos educativos de las personas, incluidas las migrantes.
- Valorar la lengua como instrumento de integración y participación.
- Reconocer las oportunidades formativas para personas adultas y las ayudas disponibles.

1. El derecho a la educación en España

La educación es un derecho fundamental reconocido por la Constitución Española. El artículo 27 establece que todas las personas tienen derecho a la educación y que esta debe garantizar el pleno desarrollo de la personalidad humana en el respeto a los principios democráticos de convivencia y a los derechos y libertades fundamentales.

Este derecho no distingue por nacionalidad, lo que significa que las personas extranjeras, tanto menores como adultas, también tienen acceso al sistema educativo español en condiciones de igualdad.

El sistema educativo se organiza sobre los principios de gratuidad, obligatoriedad y universalidad en las etapas básicas. Así, la enseñanza es obligatoria y gratuita entre los 6 y los 16 años.

Fig. 1. El Estado y las Comunidades Autónomas deben garantizar plazas escolares suficientes para todos los alumnos, independientemente de su origen

 Anotación

Las personas extranjeras menores de edad tienen el mismo derecho a la escolarización obligatoria que los nacionales, aunque su situación administrativa no esté regularizada. Este principio busca asegurar la inclusión social desde la infancia.

Además de la educación reglada, existen también programas específicos para adultos, personas recién llegadas o con dificultades en el idioma, con el objetivo de facilitar su integración.

Un niño de nacionalidad marroquí que acaba de llegar a España con su familia debe ser escolarizado en un centro educativo público en la localidad donde esté empadronado, aunque su situación de residencia esté en trámite.

2. Estructura del sistema educativo español

El sistema educativo español se organiza por niveles y se regula de manera conjunta entre el Gobierno central y las Comunidades Autónomas, que tienen competencias en materia de educación (por ejemplo, diseño de parte del currículo o gestión de los centros).

Las principales etapas educativas son las siguientes:

- **Educación Infantil** (0-6 años): no obligatoria. Se divide en primer ciclo (0-3 años) y segundo ciclo (3-6 años), este último gratuito en centros públicos.
- **Educación Primaria** (6-12 años): obligatoria y gratuita. Se estructura en seis cursos y tiene un carácter generalista.
- **Educación Secundaria Obligatoria (ESO)** (12-16 años): también obligatoria y gratuita. Consta de cuatro cursos. Su finalización da acceso a la formación profesional básica o al Bachillerato.
- **Bachillerato** (16-18 años): no obligatorio. Tiene una orientación más académica y prepara para la universidad o ciclos formativos de grado superior.
- **Formación Profesional (FP)**: ofrece una vía alternativa o complementaria a la universidad. Se divide en FP Básica, FP de Grado Medio y FP de Grado Superior.
- **Educación Universitaria**: incluye grados, másteres y doctorados, con acceso regulado mediante pruebas o requisitos académicos previos.

Fig. 2. El sistema educativo también contempla la Educación de Personas Adultas (EPA), que permite obtener títulos oficiales o ampliar conocimientos, siendo especialmente útil para personas migrantes que no pudieron finalizar sus estudios en sus países de origen

Ejemplo

Una persona adulta de nacionalidad colombiana puede acceder a la Educación Secundaria para Adultos (ESA) si desea obtener el título de ESO, algo muy valorado a nivel laboral y administrativo.

En este sistema, los centros pueden ser **públicos, concertados o privados**. Los centros públicos son financiados por el Estado; los concertados, por fondos públicos pero de titularidad privada; y los privados se sostienen mediante el pago de cuotas por parte de las familias.

Para acceder a cada nivel educativo, especialmente a partir del Bachillerato o la Formación Profesional, puede requerirse haber superado etapas anteriores y cumplir con criterios académicos específicos.

3. La lengua como herramienta de inclusión y participación

La lengua es una de las herramientas fundamentales para la integración social, educativa y laboral. Aprender y utilizar el idioma del país de acogida facilita la comunicación, el acceso a servicios públicos, la educación, la búsqueda de empleo y la participación en la vida comunitaria.

En España, el idioma oficial en todo el Estado es el castellano (español), aunque existen otras lenguas cooficiales en algunas Comunidades Autónomas, como el catalán, el gallego o el euskera. En aquellas regiones donde se habla una lengua cooficial, es habitual que las escuelas enseñen ambas lenguas.

 Anotación

El conocimiento del castellano es esencial para desenvolverse en situaciones cotidianas como acudir al médico, hacer trámites administrativos, ayudar a los hijos con los deberes escolares o relacionarse con vecinos y compañeros.

Para facilitar este proceso, muchas instituciones públicas y asociaciones ofrecen cursos gratuitos de español para personas extranjeras, especialmente dirigidos a quienes no tienen como lengua materna el castellano.

 **Ejemplo**

Una mujer senegalesa que acaba de llegar a Andalucía puede apuntarse a un curso gratuito de español para aprender vocabulario básico y expresiones que le permitan comunicarse con el profesorado del colegio de sus hijos o en el centro de salud.

Aprender la lengua mejora la autonomía personal y promueve la participación ciudadana, la convivencia intercultural y el acceso a formación, empleo y ciudadanía activa.

4. Educación para personas adultas y formación profesional

El sistema educativo español incluye opciones para que las personas adultas puedan retomar sus estudios o formarse profesionalmente, tanto si necesitan completar etapas básicas como si quieren especializarse en un oficio.

Por un lado, la Educación de Personas Adultas (EPA) permite a quienes no terminaron su escolarización obtener títulos como el de Educación Secundaria Obligatoria (ESO). Esta formación suele impartirse en centros públicos conocidos como Centros de Educación de Personas Adultas (CEPER) o Centros de Educación Permanente, y es gratuita.

Por otro lado, la Formación Profesional (FP) ofrece una vía práctica para acceder al mundo laboral. Está dividida en distintos niveles según los estudios previos:

- **FP Básica**: dirigida a quienes no han completado la ESO, permite continuar estudiando o incorporarse a un trabajo.
- **FP de Grado Medio**: accesible con el título de ESO. Forma técnicos en sectores como peluquería, cocina, electricidad o administración.
- **FP de Grado Superior**: requiere haber cursado Bachillerato o una FP de Grado Medio. Forma profesionales técnicos altamente cualificados.

Anotación

Muchas FP combinan teoría y prácticas en empresas, lo que facilita el contacto directo con el mundo laboral. También existen modalidades semipresenciales y a distancia.

Además, hay programas de formación ocupacional para personas desempleadas, muchos de los cuales están financiados por los servicios públicos de empleo y priorizan la participación de colectivos vulnerables, como personas migrantes, mujeres o mayores de 45 años.

Ejemplo

Un hombre de nacionalidad peruana que dejó los estudios en su país puede matricularse en la EPA para obtener el título de ESO. Una vez conseguido, podría acceder a una FP de Grado Medio en cocina y obtener un certificado profesional útil para trabajar en el sector de la hostelería.

Fig. 3. Tanto la educación para adultos como la FP permiten mejorar las condiciones de vida, acceder a empleos de mayor calidad y ejercer derechos con mayor autonomía

5. Becas y ayudas al estudio

En España existen diversas becas y ayudas económicas destinadas a facilitar el acceso a la educación a aquellas personas que no disponen de suficientes recursos económicos. Estas ayudas están disponibles tanto para el alumnado nacional como para personas extranjeras, siempre que cumplan los requisitos establecidos.

Las principales becas son gestionadas por el Ministerio de Educación, aunque también existen ayudas ofrecidas por las Comunidades Autónomas, ayuntamientos y otras entidades.

Entre las más comunes se encuentran:

- **Beca general para enseñanzas postobligatorias** (Bachillerato, FP, universidad).
- **Ayudas para alumnado con necesidad específica de apoyo educativo**, como estudiantes con discapacidad o trastornos del aprendizaje.
- **Becas comedor y transporte escolar**, dirigidas especialmente a familias con menos recursos económicos.
- **Ayudas para libros y material escolar** en niveles de educación obligatoria.

Para solicitar estas becas, suele exigirse estar empadronado, cumplir ciertos requisitos económicos y estar matriculado en estudios reglados.

Fig. 4. Algunas becas también exigen un rendimiento académico mínimo

Una familia boliviana residente en España con tres hijos en edad escolar puede solicitar ayudas para libros y comedor si su nivel de ingresos no supera los límites establecidos por la administración autonómica.

Además, existen programas especiales para personas adultas que quieran retomar sus estudios o cursar formación profesional, con posibilidad de obtener ayudas para el transporte, la matrícula o la conciliación familiar.

Los Servicios Sociales y los Centros de Educación suelen ofrecer apoyo para rellenar las solicitudes y asesorar sobre los plazos, documentos requeridos y condiciones específicas.

6. Educación y su papel en la integración social

La educación cumple un papel clave en el proceso de integración social de las personas extranjeras, como medio de adquirir conocimientos, y también como espacio de encuentro, convivencia y participación.

El acceso a la escuela o a la formación contribuye a:

- Aprender el idioma, costumbres y normas de convivencia del país de acogida.
- Establecer relaciones sociales con otras personas, tanto del país como de otros orígenes.
- Desarrollar habilidades personales y profesionales para mejorar la empleabilidad.
- Sentirse parte activa de la comunidad, aumentando la confianza y la autonomía.

Fig. 5. En el caso de niños y niñas, la escuela es el principal espacio de integración, ya que permite aprender el idioma rápidamente, hacer amistades, y familiarizarse con las normas sociales y culturales del entorno

La educación también refuerza la igualdad de oportunidades, ya que permite que personas con distintos puntos de partida accedan a una formación común, rompiendo barreras de origen, género o estatus legal.

Ejemplo

Una adolescente rumana que empieza la ESO en un instituto público entra en contacto con compañeros de diferentes orígenes, accede al refuerzo de lengua castellana y participa en actividades culturales que le permiten sentirse parte de la vida del centro educativo.

Por otro lado, la educación fomenta valores como la tolerancia, la diversidad y la ciudadanía activa, lo cual es esencial en sociedades multiculturales. Muchas escuelas organizan jornadas interculturales, tutorías de integración y programas de mediación para apoyar a estudiantes extranjeros y a sus familias.

Fig. 6. La participación de las familias en las actividades escolares y en las asociaciones de madres y padres (AMPAs) también es un medio importante para fortalecer los lazos comunitarios y favorecer la integración social

Resumen

La educación es un derecho fundamental garantizado por la Constitución Española, y su acceso no depende de la nacionalidad ni de la situación administrativa de la persona. En este sentido, los menores extranjeros tienen derecho a ser escolarizados en las etapas obligatorias (de 6 a 16 años), al igual que cualquier menor español. La educación obligatoria es gratuita en centros públicos, y el Estado tiene la obligación de asegurar la existencia de plazas escolares suficientes para todos los niños y niñas.

El sistema educativo español se organiza en distintos niveles, desde la Educación Infantil hasta la Universidad. Las etapas obligatorias incluyen la Educación Primaria y la Educación Secundaria Obligatoria (ESO), mientras que el Bachillerato, la Formación Profesional (FP) y la Universidad son estudios postobligatorios que ofrecen diferentes opciones académicas y profesionales. Además, se contempla la existencia de la Educación de Personas Adultas (EPA), especialmente útil para quienes desean retomar sus estudios o mejorar sus cualificaciones.

El aprendizaje de la lengua española es una herramienta esencial para la integración social, ya que permite a las personas extranjeras comunicarse con el entorno, acceder a servicios públicos, participar en la vida comunitaria y encontrar empleo. Para ello, muchas administraciones locales y entidades sociales ofrecen cursos gratuitos de español para personas adultas. En algunas Comunidades Autónomas, además del castellano, existen lenguas cooficiales que también se enseñan en los centros educativos.

Existen diferentes becas y ayudas al estudio destinadas a apoyar económicamente a quienes tienen menos recursos. Estas ayudas pueden cubrir matrícula, transporte, material escolar o comedor, y están dirigidas tanto a menores como a adultos que cursan estudios reglados. Las personas extranjeras pueden acceder a estas becas si cumplen con los requisitos establecidos, como estar empadronadas o tener bajos ingresos.

Glosario

Beca

Ayuda económica que se concede para estudiar. Puede cubrir gastos como matrícula, material o transporte.

Educación para personas adultas

Ofertas formativas dirigidas a mayores de 18 años para mejorar sus conocimientos, aprender español, obtener títulos o capacitarse profesionalmente.

Formación profesional (FP)

Estudios que preparan para trabajar en diferentes profesiones (como electricidad, peluquería o informática). Tiene un enfoque práctico y se puede acceder tras la educación secundaria.

Lengua vehicular

Idioma utilizado para enseñar en las escuelas. En la mayoría del país es el español, aunque en algunas comunidades también se usa el catalán, gallego o euskera.

Sistema educativo

Conjunto de etapas de formación reglada por el Estado, desde la educación infantil hasta la universitaria, incluyendo también la educación de adultos.

Ejercicios de autoevaluación

1. **¿Qué establece el artículo 27 de la Constitución Española?**

   a. Que solo los ciudadanos españoles tienen derecho a la educación.

   b. Que la educación solo es obligatoria hasta los 12 años.

   c. Que todas las personas tienen derecho a la educación y al desarrollo de su personalidad.

   d. Que la educación solo es competencia del Estado.

2. **¿Entre qué edades es obligatoria y gratuita la educación en España?**

   a. De 3 a 12 años.

   b. De 5 a 15 años.

   c. De 6 a 16 años.

   d. De 7 a 18 años.

3. **¿Puede un menor extranjero sin residencia legal acceder a la educación obligatoria?**

   a. Solo si está empadronado.

   b. Sí, tiene derecho como cualquier otro menor.

   c. No, necesita permiso de residencia.

   d. Solo con visado de estudios.

4. **¿Qué etapa educativa es NO obligatoria?**

   a. Educación Infantil.

   b. Educación Primaria.

   c. Educación Secundaria Obligatoria.

   d. Formación Profesional Básica.

5. ¿Cuál de las siguientes opciones forma parte de la Formación Profesional?

  a. Bachillerato Universitario.

  b. Enseñanza Primaria de Grado.

  c. FP de Grado Medio.

  d. FP Inicial Básica Superior.

6. ¿Qué centros ofrecen enseñanza gratuita financiada por el Estado?

  a. Privados.

  b. Privados bilingües.

  c. Públicos.

  d. Escuelas internacionales.

7. ¿Cuál es la lengua oficial en todo el Estado español?

  a. Catalán.

  b. Euskera.

  c. Castellano.

  d. Gallego.

8. ¿Dónde se suelen ofrecer cursos gratuitos de lengua española para personas extranjeras?

  a. Solo en academias privadas.

  b. Solo en universidades.

  c. En consulados extranjeros.

  d. En instituciones públicas y asociaciones.

9. ¿Qué permite la Educación de Personas Adultas (EPA)?

    a. Aprender una profesión sin estudiar.

    b. Retomar estudios y obtener títulos oficiales como la ESO.

    c. Acceder directamente a la universidad.

    d. Obtener visado de trabajo.

10. ¿Cuál de estas es una beca gestionada por el Ministerio de Educación?

    a. Ayuda por desempleo.

    b. Beca de nacionalidad.

    c. Beca general para enseñanzas postobligatorias.

    d. Ayuda para el alquiler de vivienda.

U. A. 3. Sanidad y servicios sociales

Introducción

El sistema sanitario público en España garantiza el acceso a la salud como un derecho básico. Esta unidad explica cómo funciona dicho sistema, cómo se accede a los servicios médicos y cuáles son los derechos y deberes de los usuarios.

También se abordan aspectos prácticos como la obtención de medicamentos o el uso correcto de los recursos sanitarios. Además, se presentan los servicios sociales como parte esencial de la protección a las personas en situación de vulnerabilidad.

Objetivos

- Comprender el funcionamiento del sistema sanitario público en España.
- Conocer los trámites necesarios para acceder a la atención médica.
- Identificar los principales servicios de salud y los derechos de los pacientes.
- Valorar el papel de los servicios sociales en el apoyo a las personas más vulnerables.

1. Características del sistema sanitario público español

El sistema sanitario público español se caracteriza por ofrecer una atención universal, gratuita y de calidad a toda la población, independientemente de su situación económica o social. Este modelo se basa en el principio de equidad, lo que significa que todas las personas tienen derecho a recibir atención sanitaria en condiciones de igualdad.

Desde la aprobación de la Ley General de Sanidad en 1986, el sistema sanitario español ha adoptado un modelo descentralizado, lo que implica que la gestión de los servicios de salud corresponde a las comunidades autónomas. Cada una organiza sus hospitales, centros de salud, campañas de prevención y recursos humanos, aunque se coordinan a través del Sistema Nacional de Salud (SNS).

Entre sus rasgos más destacados se encuentran:

- La financiación pública, a través de los impuestos generales.
- La cartera de servicios comunes, que incluye atención primaria, especializada, hospitalaria, urgencias, salud mental, programas de prevención, vacunación, rehabilitación, etc.
- La atención primaria como puerta de entrada al sistema, mediante centros de salud y consultorios.
- La atención especializada en hospitales y centros específicos previa derivación desde atención primaria.
- Un sistema de urgencias médicas 24 horas, tanto en centros de salud como en hospitales.

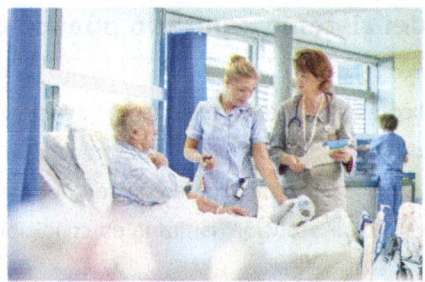

Fig. 1. España ocupa una posición destacada en los rankings internacionales por su sistema sanitario público, gracias a su amplia cobertura y buenos resultados en esperanza de vida y prevención de enfermedades

2. Procedimientos de acceso a la atención sanitaria

El acceso a la atención sanitaria en España varía en función de la situación administrativa de la persona. No obstante, todas las personas tienen derecho a ser atendidas en caso de urgencia médica, con independencia de su situación legal.

Para acceder con normalidad al sistema sanitario, se deben cumplir ciertos pasos administrativos:

1. Estar empadronado en un municipio español.
2. Solicitar la tarjeta sanitaria individual (TSI) en el centro de salud correspondiente, lo cual da acceso a atención médica y prescripción de medicamentos.
3. Acreditar la cobertura sanitaria a través de alguna de estas vías:
   o Cotizar en la Seguridad Social (trabajadores por cuenta ajena o propia).
   o Ser beneficiario de una persona asegurada (familiares a cargo).
   o Tener derecho reconocido como persona sin recursos económicos suficientes (según el RD 1192/2012).
   o Disponer de convenio especial o seguro privado, en caso de no cumplir los requisitos anteriores.

Ejemplo

Una persona extranjera que lleva viviendo en España más de 90 días y no tiene permiso de residencia puede acudir al centro de salud con su padrón municipal actualizado y solicitar el acceso sanitario por "circunstancias especiales". Este acceso permite recibir atención primaria, especializada y medicamentos, aunque el procedimiento puede variar según la comunidad autónoma.

Además:

- Las mujeres embarazadas, menores de edad y personas en situación de urgencia médica siempre tienen garantizada la atención sanitaria, incluso si se encuentran en situación administrativa irregular.
- La atención a enfermedades infectocontagiosas de declaración obligatoria (como la tuberculosis) también está garantizada, por razones de salud pública.

Fig. 2. Cada comunidad autónoma puede tener procedimientos específicos, por lo que se recomienda acudir a los servicios sociales o entidades de apoyo a migrantes para recibir orientación personalizada

3. Cobertura de servicios médicos y especialidades

La cartera de servicios del Sistema Nacional de Salud (SNS) comprende un conjunto amplio de prestaciones orientadas a proteger, mantener o recuperar la salud de las personas.

Esta cobertura está regulada a nivel estatal y debe ser garantizada por todas las comunidades autónomas, aunque pueden ampliar las prestaciones si lo consideran necesario.

La atención sanitaria se divide en varios niveles:

- **Atención primaria:** Es el primer nivel de acceso, y se presta en los centros de salud y consultorios locales. Se encarga del seguimiento de enfermedades comunes, control de salud, vacunaciones, prevención, planificación familiar, atención pediátrica y atención domiciliaria.
- **Atención especializada:** Requiere derivación desde atención primaria. Se ofrece en consultas externas de especialistas y en hospitales. Abarca áreas como cardiología, traumatología, ginecología, dermatología, psiquiatría, entre muchas otras.
- **Atención hospitalaria:** Incluye ingresos por enfermedad, cirugía, cuidados intensivos, urgencias y rehabilitación.
- **Atención de urgencias y emergencias:** Disponible las 24 horas, tanto en centros de salud como en hospitales, y mediante el número de emergencias 112.
- **Salud pública y prevención:** Campañas de vacunación, cribado de enfermedades, programas de deshabituación del tabaco, planificación familiar, educación sexual, etc.
- **Salud mental:** Atención psicológica y psiquiátrica, tanto ambulatoria como hospitalaria.

Además, la cobertura sanitaria en España no solo está enfocada en curar enfermedades, sino también en prevenirlas y promover la salud, lo cual incluye programas educativos, de nutrición y de actividad física.

Ejemplo

Amina es una mujer marroquí residente en España desde hace un año. Está empadronada y ya ha tramitado su tarjeta sanitaria individual, por lo que tiene acceso al sistema público de salud. Un día comienza a sentir molestias en el pecho y acude a su médico de atención primaria en el centro de salud. Tras explorarla y hacerle un electrocardiograma básico, el médico considera necesario derivarla a un especialista en cardiología.

Amina recibe cita en el hospital para una consulta de atención especializada, donde le realizan nuevas pruebas. Más adelante, debido a los resultados, se decide ingresarla brevemente para hacerle un cateterismo, una intervención que se realiza en el área de atención hospitalaria.
Tras su recuperación, Amina recibe seguimiento tanto en cardiología como en su centro de salud. También participa en un programa de prevención secundaria, donde le enseñan a cuidar su alimentación, dejar de fumar y hacer ejercicio moderado, como parte de las estrategias de salud pública y promoción de la salud.

Gracias a la coordinación entre los distintos niveles asistenciales del Sistema Nacional de Salud, Amina accede a una atención completa, gratuita y de calidad, desde la detección del problema hasta el tratamiento y seguimiento.

4. Sistema farmacéutico y acceso a medicamentos

El sistema farmacéutico público en España está integrado dentro del Sistema Nacional de Salud. Su objetivo es garantizar que todos los ciudadanos puedan acceder a los medicamentos necesarios de forma segura, eficaz y asequible.

Los medicamentos prescritos por un médico del sistema público se adquieren en las farmacias, mediante receta electrónica, con un copago que depende del nivel de ingresos y del tipo de medicamento:

- Las personas trabajadoras activas pagan entre el 40 % y el 60 % del precio del medicamento.
- Los pensionistas pagan un 10 %, con un límite mensual según su renta.
- Las personas en situación de exclusión social o sin recursos, así como los desempleados de larga duración, pueden solicitar la exención del copago.

Fig. 3. Además de los medicamentos con receta, en las farmacias también se venden productos sin receta médica, como analgésicos, cremas, productos de higiene o vitaminas, aunque no están financiados por el sistema público

Una persona diagnosticada con hipertensión acude a la farmacia con su tarjeta sanitaria. Gracias al sistema de receta electrónica, el farmacéutico puede ver su tratamiento y entregarle la medicación correspondiente. Si es pensionista con bajo ingreso, solo paga una pequeña parte del precio total.

El sistema de control farmacéutico en España asegura que todos los medicamentos comercializados han sido aprobados por la Agencia Española de Medicamentos y Productos Sanitarios (AEMPS), garantizando su calidad y seguridad.

5. Derechos y deberes de los usuarios del sistema de salud

Las personas usuarias del sistema sanitario público en España cuentan con una serie de derechos fundamentales, que garantizan un trato digno, una atención adecuada y la protección de su salud. Al mismo tiempo, existen deberes básicos que deben cumplirse para asegurar el buen funcionamiento del sistema.

Entre los principales derechos se encuentran:

- **Derecho a la atención sanitaria** en condiciones de igualdad, sin discriminación por razón de origen, género, religión, idioma u orientación sexual.

- **Derecho a la información clara y comprensible** sobre el estado de salud, tratamientos, riesgos y alternativas terapéuticas.
- **Derecho a decidir libremente** entre las opciones clínicas disponibles, con consentimiento informado.
- **Derecho a la intimidad y confidencialidad**, tanto en el tratamiento médico como en el uso de los datos personales.
- **Derecho a la prevención**, al diagnóstico, tratamiento y rehabilitación.
- **Derecho a presentar quejas o reclamaciones** si no se está conforme con la atención recibida.

Por otro lado, los deberes más importantes de los usuarios incluyen:

- **Usar adecuadamente los recursos sanitarios**, respetando las normas de funcionamiento de centros y servicios.
- **Tratar con respeto al personal sanitario y a otros usuarios** del sistema.
- **Cuidar las instalaciones y medios materiales** puestos a disposición.
- **Cumplir las prescripciones médicas y colaborar activamente** en la recuperación y mejora de la salud.
- **Facilitar información veraz y completa** sobre el estado de salud.

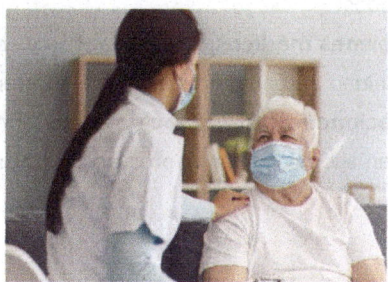

Fig. 4. El respeto mutuo entre profesionales sanitarios y pacientes favorece un entorno más humano y eficiente, y ayuda a garantizar una atención sanitaria de calidad para todos

6. Recomendaciones para personas migrantes en el uso de servicios sanitarios

El acceso al sistema sanitario puede generar dudas o inseguridad en las personas migrantes, especialmente si existen barreras lingüísticas, culturales o administrativas. Por ello, es importante seguir ciertas recomendaciones que pueden facilitar la utilización de los recursos sanitarios disponibles.

Algunas orientaciones clave son:

- **Empadronarse cuanto antes** en el municipio donde se reside, ya que es un requisito básico para acceder a la atención sanitaria ordinaria.
- **Solicitar la tarjeta sanitaria individual (TSI)** en el centro de salud correspondiente, acudiendo con el empadronamiento y la documentación requerida (DNI, NIE, pasaporte, justificante de situación legal o social).
- **Informarse sobre el centro de salud asignado** y pedir cita previa para ser atendido por el médico o pediatra de cabecera.
- **Expresar con claridad los síntomas y antecedentes**, y pedir ayuda si no se comprende la información médica. Muchos centros ofrecen servicio de intérprete o materiales traducidos.
- **Conservar los informes médicos, tratamientos y recetas**, especialmente si se cambia de comunidad autónoma o si se requiere atención especializada.
- **Recurrir a asociaciones y ONGs locales** que brindan apoyo a personas extranjeras y pueden acompañar en el proceso de acceso sanitario.

Ejemplo

Si una persona migrante recién llegada tiene fiebre y malestar general, puede acudir al centro de salud más cercano, aunque aún no tenga tarjeta sanitaria. Será atendida en urgencias, y podrá recibir indicaciones sobre cómo iniciar el trámite de empadronamiento y acceso normalizado al sistema.

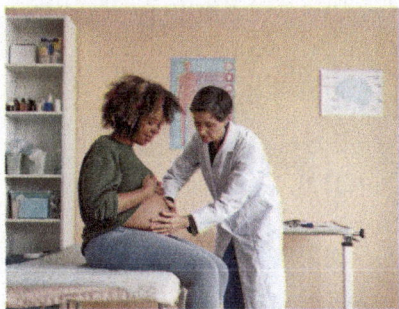

Fig. 5. En situaciones especiales como embarazo, menores de edad o enfermedades infecciosas, se garantiza la atención incluso si la situación administrativa no está regularizada

Existen recursos específicos como el programa de mediación intercultural en salud de algunas comunidades autónomas, que ayudan a mejorar la comunicación entre pacientes migrantes y profesionales sanitarios.

Resumen

Esta unidad ofrece una visión general clara y práctica del funcionamiento del sistema sanitario público español, con especial atención a los aspectos relevantes para personas migrantes. En primer lugar, se destaca que el sistema sanitario en España es público, universal y gratuito, financiado mediante impuestos y gestionado por las comunidades autónomas. Esto garantiza que cualquier persona, con independencia de su situación económica o nacionalidad, pueda acceder a atención médica básica, preventiva y especializada. La atención primaria es la puerta de entrada al sistema, mientras que la atención especializada y hospitalaria se organiza a través de derivaciones médicas.

Para acceder a estos servicios, las personas deben estar empadronadas en un municipio y solicitar la tarjeta sanitaria individual (TSI) en el centro de salud correspondiente. A través de esta tarjeta, se garantiza el acceso a consultas médicas, derivaciones a especialistas, atención hospitalaria, servicios de urgencias y programas de salud pública. Además, se recuerda que existen garantías legales para la atención de urgencias, así como para menores, embarazadas y personas con enfermedades de declaración obligatoria, aunque su situación administrativa no esté regularizada.

El sistema incluye una amplia cobertura de servicios médicos, desde medicina general, pediatría, ginecología o salud mental, hasta intervenciones quirúrgicas, rehabilitación y prevención de enfermedades. Asimismo, el sistema farmacéutico permite el acceso a medicamentos prescritos por los profesionales de la sanidad pública, con un sistema de copago ajustado a la situación económica del paciente, y con posibilidad de exención en determinados casos de vulnerabilidad.

La unidad también subraya los principales derechos y deberes de los usuarios. Las personas tienen derecho a recibir una atención digna, a ser informadas de forma comprensible, a tomar decisiones sobre su salud y a que se respete su intimidad. A cambio, se espera de ellas un uso responsable de los recursos, colaboración con el personal sanitario y respeto hacia otros usuarios del sistema. Finalmente, se ofrecen recomendaciones específicas para personas migrantes, como la importancia de empadronarse, conservar documentación médica, buscar orientación cuando sea necesario y conocer los canales disponibles para reclamar o resolver dudas. Todo ello favorece una integración más plena y un uso más eficaz del sistema de salud en España.

Glosario

Centro de salud

Lugar donde se atiende a los pacientes en cuestiones básicas de salud. Es el primer lugar al que se debe acudir salvo emergencias.

Especialista

Médico que se dedica a una parte concreta de la salud (por ejemplo, cardiología, ginecología o pediatría). Se accede a través del médico de cabecera.

Farmacia

Establecimiento donde se venden medicamentos. Algunos se entregan con receta y otros se pueden comprar libremente.

Receta médica

Documento emitido por un médico que autoriza a comprar medicamentos en la farmacia.

Sistema sanitario público

Organización de hospitales, centros de salud y profesionales financiados por el Estado para ofrecer atención médica gratuita o de bajo coste.

Tarjeta sanitaria

Documento que permite acceder a los servicios médicos del sistema público de salud.

Ejercicios de autoevaluación

1. **¿Qué característica define al sistema sanitario público español?**

   a. Es exclusivamente privado.

   b. Es universal, público y gratuito.

   c. Se financia con cuotas voluntarias.

   d. Solo cubre urgencias médicas.

2. **¿Quién gestiona los servicios de salud en España?**

   a. El Gobierno central exclusivamente.

   b. Las comunidades autónomas.

   c. La Unión Europea.

   d. Los ayuntamientos.

3. **¿Qué nivel de atención es la puerta de entrada al sistema sanitario?**

   a. Atención primaria.

   b. Atención especializada.

   c. Atención hospitalaria.

   d. Urgencias médicas.

4. **¿Cuál es un requisito habitual para solicitar la tarjeta sanitaria individual (TSI)?**

   a. Tener contrato indefinido.

   b. Estar empadronado.

   c. Tener nacionalidad española.

   d. Haber cotizado durante un año.

5. ¿Qué personas tienen garantizada la atención médica incluso sin regularizar su situación administrativa?

   a. Solo los trabajadores.

   b. Solo los ciudadanos de la UE.

   c. Menores, embarazadas y urgencias.

   d. Solo quienes tengan NIE.

6. ¿Qué tipo de atención requiere derivación desde atención primaria?

   a. Atención urgente.

   b. Atención especializada.

   c. Atención pediátrica.

   d. Atención domiciliaria.

7. ¿Dónde se adquieren los medicamentos prescritos por el sistema público?

   a. En hospitales públicos.

   b. En farmacias.

   c. En centros sociales.

   d. A través de internet.

8. ¿Qué sistema se utiliza habitualmente para acceder a los medicamentos recetados?

   a. Tarjeta bancaria.

   b. Documento de identidad.

   c. Receta electrónica.

   d. Vale médico impreso.

9. **¿Qué porcentaje paga un pensionista con bajos ingresos por un medicamento recetado?**

    a. El 50 %.

    b. El 10 %.

    c. El 100 %.

    d. Ninguno, siempre es gratuito.

10. **¿Cuál de los siguientes es un derecho de los usuarios del sistema sanitario?**

    a. Asignar médicos a otros pacientes.

    b. Recibir información clara sobre su salud.

    c. Negarse a pagar impuestos sanitarios.

    d. Saltarse la atención primaria y acudir directamente a un especialista.

U. A. 4. Empleo y condiciones laborales

Introducción

El acceso al empleo es uno de los pilares fundamentales para la integración social y la autonomía personal. Esta unidad presenta cómo funciona el mercado laboral en España, los diferentes tipos de contratos y las condiciones de trabajo.

También se abordan los derechos y deberes de las personas trabajadoras, el funcionamiento de la Seguridad Social y las estrategias para la búsqueda de empleo o el emprendimiento. La comprensión de estos aspectos permite a las personas extranjeras desenvolverse con mayor seguridad en el ámbito laboral.

Objetivos

- Conocer las características generales del mercado laboral español.
- Identificar los tipos de contratos y sus condiciones legales.
- Comprender los derechos laborales básicos y la función de la Seguridad Social.
- Explorar vías de inserción laboral, formación ocupacional y autoempleo.

1. Características del mercado de trabajo en España

El mercado laboral en España está influido por varios factores, como el tipo de economía, las políticas públicas, la educación de la población y la situación internacional. Existen sectores con alta demanda de mano de obra (como la hostelería, la agricultura, la construcción o el cuidado de personas mayores), mientras que otros están más saturados o requieren alta cualificación.

En los últimos años, se ha producido un cambio importante: muchos empleos se han digitalizado o requieren el uso de nuevas tecnologías. También es común encontrar empleos temporales o a tiempo parcial, especialmente en sectores como el turismo o el comercio.

Ejemplo

Una persona que llega a España y busca empleo puede encontrar trabajo como camarero en verano en una zona turística, pero es posible que ese empleo sea solo para tres meses. También podría trabajar en la recogida de frutas en campañas agrícolas, pero ese empleo dependerá de la temporada.

La situación de las personas extranjeras en el mercado laboral español puede ser más vulnerable si no conocen bien sus derechos, si no tienen documentación regularizada o si no dominan el idioma, por lo que es importante estar bien informado y recibir orientación laboral.

2. Tipología de contratos laborales y sus condiciones

En España existen varios tipos de contratos laborales. Cada uno establece condiciones distintas en cuanto a duración, jornada, salario y derechos.

Las principales formas de contratación son:

- **Contrato indefinido**: no tiene fecha de finalización. Es el más estable y da más derechos a la persona trabajadora.
- **Contrato temporal**: tiene una duración limitada, que puede ser por obra o servicio, por sustitución o por circunstancias de la producción.
- **Contrato fijo-discontinuo**: se usa para trabajos estacionales, como las campañas agrícolas o el turismo, donde el trabajador es llamado en determinadas épocas del año.
- **Contrato a tiempo parcial**: implica trabajar menos horas que una jornada completa, pero con los mismos derechos proporcionales.

Fig. 1. Desde 2022, en España se han limitado los contratos temporales para evitar abusos, siendo la norma general ahora es el contrato indefinido, salvo en casos justificados

Cada contrato debe estar por escrito, especificar las condiciones del trabajo, el salario, la duración de la jornada y el lugar de trabajo. Además, debe darse de alta a la persona en la Seguridad Social, lo que garantiza el acceso a prestaciones como la sanidad o el desempleo.

3. Derechos laborales y deberes de las personas trabajadoras

Las personas trabajadoras en España tienen una serie de **derechos básicos**, que deben respetarse en todo tipo de empleo, sin importar su nacionalidad.

Algunos de los derechos más importantes son:

- Cobrar un salario justo y dentro del plazo acordado.
- Jornada de trabajo limitada, con descansos y vacaciones.
- Afiliación a la Seguridad Social.
- Condiciones de seguridad y salud en el trabajo.
- Protección contra el despido injustificado.
- Permiso por maternidad, paternidad o enfermedad.
- Derecho a sindicarse y a la negociación colectiva.

Ejemplo

Si una persona trabaja como cuidadora interna, tiene derecho a un descanso mínimo de 36 horas semanales y a recibir un salario acorde al Salario Mínimo Interprofesional. Si no se respetan sus horas de descanso o su salario, puede reclamar a través de la Inspección de Trabajo.

Por otro lado, también existen deberes laborales, como:

- Cumplir con las tareas asignadas de manera responsable.
- Respetar las normas de la empresa.
- Acudir al trabajo con puntualidad.
- Cuidar los materiales y espacios de trabajo.
- Mantener una buena convivencia con compañeros y superiores.

Recuerda

Incluso si se trabaja sin contrato (lo cual es ilegal), la persona tiene derechos básicos que no pueden ser vulnerados, como la dignidad, la salud y la protección frente al abuso. En caso de vulneración, se puede acudir a asociaciones, sindicatos o servicios públicos de orientación laboral y jurídica.

4. Seguridad Social, nóminas y deducciones

La Seguridad Social en España es un sistema público que protege a las personas ante situaciones como enfermedad, accidente, maternidad, desempleo, jubilación o viudedad. Toda persona que trabaje de manera legal en España debe estar dada de alta en este sistema por parte de su empleador.

¿Qué cubre la Seguridad Social?

- Atención médica gratuita en centros de salud y hospitales.
- Prestaciones económicas por enfermedad, maternidad, desempleo, etc.
- Pensión de jubilación al alcanzar la edad legal y tener los años cotizados necesarios.
- Prestaciones familiares, por hijo a cargo o cuidado de personas dependientes.

Al empezar un trabajo, la empresa debe registrar al trabajador en la Seguridad Social y proporcionarle un número de afiliación (si no lo tiene ya). Este número es personal y único para toda la vida.

En cuanto a la nómina, es el documento que refleja cuánto dinero ha cobrado una persona por su trabajo. En ella aparecen varios conceptos:

- **Salario base**: cantidad acordada según el convenio colectivo o contrato.
- **Complementos salariales**: por antigüedad, peligrosidad, horas extra, etc.
- **Deducciones**: aportaciones a la Seguridad Social y retención del IRPF (impuesto sobre la renta).
- **Líquido a percibir**: el dinero final que se cobra.

Ejemplo

Una persona que trabaja en limpieza gana 1.200 € brutos. De esa cantidad, se descuentan 100 € de Seguridad Social y 50 € de IRPF. En su cuenta bancaria recibirá 1.050 € netos. Todo esto aparece desglosado en la nómina.

Fig. 2. Aunque se desconozca el funcionamiento exacto de los distintos conceptos es importante revisar cada mes la nómina y guardar copias

Si algo no se entiende o no se cobra lo acordado, se puede pedir ayuda en un sindicato, asociación o servicio público de empleo.

5. Estrategias de búsqueda de empleo

Encontrar trabajo en un nuevo país puede ser difícil al principio, pero existen distintas estrategias que aumentan las posibilidades de éxito:

- **Registrarse en el Servicio Público de Empleo (SEPE)** o en el Servicio Andaluz de Empleo. Es un paso importante para acceder a ofertas, cursos y prestaciones.
- **Elaborar un currículum vitae (CV)** claro y actualizado, destacando la experiencia laboral, formación y conocimientos, incluso si no son oficiales.
- **Preparar una carta de presentación** para explicar el interés por el empleo y destacar cualidades personales.
- **Buscar ofertas de empleo** en páginas web, portales especializados, redes sociales, oficinas de empleo, asociaciones o directamente en empresas.
- **Asistir a entrevistas** con buena disposición, puntualidad y documentación preparada.
- **Formarse continuamente**, sobre todo en español, informática o sectores con demanda.

Ejemplo

Fatou busca empleo como auxiliar de cocina. Se registra en el SEPE, recibe ayuda para redactar su CV y realiza un curso de manipulación de alimentos. Gracias a un programa municipal de inserción laboral, le ofrecen una entrevista en un restaurante y consigue el puesto.

Muchas organizaciones y ayuntamientos ofrecen talleres de búsqueda de empleo, donde se aprende a hacer un CV, usar Internet para buscar trabajo o preparar entrevistas.

Fig. 3. Existen planes específicos para personas migrantes que incluyen orientación laboral y prácticas profesionales

6. Formación ocupacional y oportunidades de inserción

La formación ocupacional es un conjunto de cursos gratuitos destinados a mejorar las competencias profesionales de las personas desempleadas o en búsqueda de una mejor inserción laboral. Estos cursos suelen estar financiados por las comunidades autónomas o el Estado y pueden incluir prácticas en empresas.

Las ventajas de la formación ocupacional son:

- Permite adquirir una profesión o mejorar habilidades ya existentes.
- Ofrece certificados oficiales, útiles para encontrar empleo.
- En algunos casos, se puede acceder a ayudas económicas mientras se realiza el curso.

- Favorece el contacto directo con empresas mediante prácticas no laborales.

Ejemplo

Mohamed está en paro y desea trabajar en el sector logístico. En el Servicio Andaluz de Empleo encuentra un curso de "Carretillero/a y gestión de almacenes", con prácticas incluidas. Tras completarlo, una empresa donde hizo prácticas le ofrece un contrato.

Fig. 4. Muchos cursos no requieren estudios previos ni experiencia. Se recomienda estar inscrito como demandante de empleo para poder acceder a la oferta formativa pública

Además de los servicios públicos, ONG, asociaciones de inmigrantes y entidades sociales también ofrecen itinerarios de inserción laboral adaptados a cada perfil, con orientación personalizada y acompañamiento.

7. Trabajo por cuenta propia y emprendimiento

El trabajo por cuenta propia o autoempleo consiste en crear tu propio puesto de trabajo, prestando servicios o vendiendo productos de manera autónoma. En España, esto implica darse de alta como autónomo/a.

Las ventajas del autoempleo son:

- Permite tener más independencia.
- Da la oportunidad de desarrollar una actividad propia o una idea de negocio.

- En algunos casos, hay ayudas económicas para comenzar (como tarifa plana para nuevos autónomos).

Los pasos básicos para emprender son:

1. Tener una idea clara del negocio o servicio que se quiere ofrecer.
2. Informarse sobre los requisitos legales y fiscales (alta en Hacienda y Seguridad Social).
3. Elaborar un plan de negocio básico, aunque sea sencillo.
4. Consultar ayudas específicas para personas extranjeras o colectivos vulnerables.
5. Solicitar asesoramiento gratuito en cámaras de comercio, asociaciones o ayuntamientos.

Ejemplo

Aina es costurera y decide trabajar por su cuenta. Con ayuda de una asociación, se da de alta como autónoma, alquila un pequeño local y comienza a ofrecer arreglos de ropa en su barrio. Gracias al boca a boca y a las redes sociales, su clientela va creciendo.

En muchos municipios existen puntos de orientación para personas emprendedoras, donde se ofrece asesoría gratuita para montar un negocio. También hay ayudas específicas para mujeres, jóvenes, personas en riesgo de exclusión o personas migrantes.

8. Igualdad, diversidad e inclusión en el ámbito laboral

El mundo del trabajo en España debe regirse por principios de igualdad de oportunidades y respeto a la diversidad. Esto significa que ninguna persona puede ser discriminada por razones de origen, sexo, edad, religión, discapacidad, orientación sexual o situación administrativa.

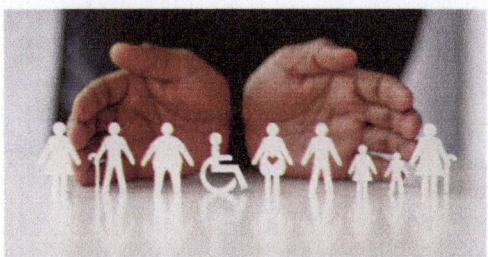

Fig. 5. La inclusión laboral busca que todas las personas, independientemente de sus circunstancias, puedan acceder a un empleo digno y adaptado a sus capacidades

Los principios básicos que deben respetarse en el ámbito laboral son los siguientes:

- **Igualdad salarial**: personas que hacen el mismo trabajo deben recibir el mismo salario.
- **Respeto a la diversidad cultural**: el lugar de trabajo debe valorar la riqueza de diferentes culturas, lenguas y costumbres.
- **Prohibición del acoso laboral**: está prohibido cualquier trato degradante, ofensivo o discriminatorio.
- **Accesibilidad**: las personas con discapacidad deben tener acceso adaptado a sus puestos de trabajo.

Ejemplo

Marina, originaria de Perú, comienza a trabajar en una residencia de mayores. Allí trabajan personas de varias nacionalidades. La dirección organiza un taller sobre interculturalidad para promover un ambiente de respeto, y se adapta el menú para incorporar platos típicos de distintos países en fechas señaladas.

Si se sufre discriminación, acoso o exclusión en el trabajo, es posible pedir ayuda a sindicatos, asociaciones o al propio Servicio de Inspección de Trabajo. La ley protege los derechos laborales de todas las personas, incluidas las extranjeras, con o sin permiso de residencia.

Resumen

Esta unidad aborda los aspectos fundamentales relacionados con el empleo y las condiciones laborales en España, centrándose en los elementos clave que toda persona migrante debe conocer para integrarse de forma activa y segura en el mercado de trabajo. En primer lugar, se describe el funcionamiento del mercado laboral español, caracterizado por la coexistencia de sectores con alta demanda estacional —como la agricultura, la hostelería o los cuidados— junto con una creciente digitalización de los empleos y una presencia destacada del trabajo temporal. Comprender esta dinámica resulta esencial para identificar oportunidades reales de inserción.

A continuación, se explican los tipos de contratos laborales más habituales, diferenciando entre contratos indefinidos, temporales, fijos-discontinuos y a tiempo parcial. Cada modalidad presenta condiciones específicas en cuanto a duración, jornada y derechos, pero todas deben formalizarse por escrito y garantizar la afiliación a la Seguridad Social. Esta afiliación permite a la persona trabajadora acceder a protección sanitaria, pensiones, prestaciones por desempleo y otros derechos sociales. La nómina, por su parte, refleja el salario bruto, las deducciones correspondientes (como las cotizaciones o el IRPF) y el importe final recibido. Conocer su estructura es importante para verificar que se está cobrando lo justo.

También se presentan los derechos laborales —como el salario mínimo, el descanso semanal, la protección frente al despido, la afiliación sindical o el permiso por maternidad— así como los deberes profesionales, entre ellos el respeto a las normas del puesto de trabajo y la puntualidad. Tanto los derechos como los deberes aplican a todas las personas trabajadoras, independientemente de su origen o situación administrativa.

La unidad ofrece orientaciones para mejorar las estrategias de búsqueda de empleo, como inscribirse en los servicios públicos de empleo, elaborar un currículum adecuado, utilizar portales especializados, aprovechar redes de contacto o participar en entrevistas. Además, destaca la importancia de la formación ocupacional, que permite acceder gratuitamente a cursos profesionales con prácticas en empresas, especialmente útiles para personas desempleadas o con baja cualificación.

Se analiza también la opción del trabajo por cuenta propia, que consiste en emprender una actividad como autónomo o autónoma. Este camino exige asumir ciertas obligaciones fiscales y administrativas, pero también permite desarrollar ideas propias de negocio, acceder a ayudas públicas y lograr una mayor independencia laboral. Finalmente, se subraya la necesidad de promover la igualdad, la diversidad y la inclusión en el ámbito laboral, combatiendo cualquier forma de discriminación por razón de origen, género, religión u orientación sexual. La ley protege estos principios y garantiza que todas las personas, incluidas las extranjeras, puedan trabajar en un entorno seguro, respetuoso e igualitario.

Glosario

Alta en la Seguridad Social

Trámite obligatorio que registra a una persona como trabajadora en el sistema de protección social, permitiendo el acceso a servicios sanitarios, pensiones y otras prestaciones.

Contrato laboral

Acuerdo legal entre una persona trabajadora y una empresa donde se establecen las condiciones de trabajo, como salario, horario y funciones.

Formación ocupacional

Cursos diseñados para mejorar las habilidades profesionales y facilitar el acceso al empleo.

Nómina

Documento mensual que detalla el salario de una persona trabajadora, así como las deducciones (como impuestos o cotizaciones a la Seguridad Social).

Salario mínimo interprofesional (SMI)

Cantidad mínima que una empresa debe pagar por ley a una persona trabajadora por una jornada completa.

Trabajo por cuenta propia (autónomo)

Actividad profesional que una persona realiza sin depender de un empleador, asumiendo la responsabilidad de su negocio o servicio.

Ejercicios de autoevaluación

1. **¿Qué sectores en España suelen tener mayor demanda de mano de obra para personas migrantes?**

   a. Tecnología y banca.

   b. Agricultura, hostelería y cuidados.

   c. Abogacía y notariado.

   d. Minería y producción audiovisual.

2. **¿Qué tipo de contrato no tiene fecha de finalización y ofrece mayor estabilidad laboral?**

   a. Indefinido.

   b. Temporal.

   c. A tiempo parcial.

   d. Por obra y servicio.

3. **¿Qué documento refleja el salario bruto, las deducciones y el importe final que cobra una persona trabajadora?**

   a. Factura.

   b. Certificado laboral.

   c. Nómina.

   d. Justificante de alta.

4. **¿Qué institución garantiza en España el acceso a la atención sanitaria, pensiones y prestaciones por desempleo?**

   a. Agencia Tributaria.

   b. Seguridad Social.

   c. Colegio Oficial de Empleo.

   d. Oficina de Extranjería.

5. ¿Cuál de los siguientes es un derecho laboral básico en España?

    a. Pagar el uniforme de trabajo.

    b. Renunciar a las vacaciones por contrato.

    c. Trabajar más de 10 horas diarias sin descanso.

    d. Cobrar un salario justo y puntual.

6. ¿Qué deducción aparece en la nómina además de la Seguridad Social?

    a. Impuesto de circulación.

    b. Impuesto de sucesiones.

    c. IRPF (Impuesto sobre la Renta de las Personas Físicas).

    d. IVA (Impuesto sobre el Valor Añadido).

7. ¿Qué debe hacer una persona para acceder a cursos gratuitos de formación ocupacional?

    a. Ser nacional español.

    b. Estar inscrita como demandante de empleo.

    c. Tener estudios universitarios.

    d. Pagar una cuota anual.

8. ¿Cuál de las siguientes estrategias mejora la búsqueda de empleo?

    a. Buscar trabajo solo en persona.

    b. No presentar CV.

    c. Participar en cursos, talleres y enviar currículum.

    d. Esperar a que llamen sin buscar activamente.

9. **¿Qué modalidad de contrato se utiliza para campañas estacionales, como la recogida de frutas?**

   a. Indefinido.
   b. Temporal por obra.
   c. Fijo-discontinuo.
   d. Prácticas remuneradas.

10. **¿Qué ventaja tiene el trabajo por cuenta propia o autoempleo?**

   a. Independencia y posibilidad de desarrollar un negocio propio.
   b. No cotizar a la Seguridad Social.
   c. No pagar impuestos.
   d. Acceso automático a una pensión vitalicia.

U. A. 5. Participación ciudadana y convivencia

Introducción

Participar en la vida social y comunitaria es un paso clave hacia la integración plena. Esta unidad explica qué significa la participación ciudadana y cuáles son sus formas, tanto a nivel individual como colectivo. También se reflexiona sobre la importancia del respeto a la diversidad cultural y la superación de barreras que dificultan la implicación activa de las personas migrantes. Se promueve así una ciudadanía responsable y comprometida con la convivencia.

Objetivos

- Comprender el concepto de participación social y sus beneficios.
- Identificar mecanismos de participación ciudadana a distintos niveles.
- Reconocer los desafíos que supone la diversidad cultural en la participación.
- Elaborar un plan personal que favorezca la implicación en la comunidad.

1. ¿Qué es la participación social?

La participación social hace referencia al conjunto de acciones mediante las cuales las personas se implican activamente en la vida de su comunidad. Esta implicación puede adoptar múltiples formas: desde asistir a reuniones vecinales o colaborar en asociaciones locales, hasta ejercer el derecho al voto o participar en actividades solidarias.

Participar socialmente permite expresar opiniones, defender intereses, contribuir al bienestar común y construir una sociedad más inclusiva, cohesionada y democrática.

Fig. 1. En el caso de las personas extranjeras, la participación favorece además el arraigo, el conocimiento del entorno y el establecimiento de redes de apoyo

Anotación

La participación social no está limitada al ámbito político. Involucrarse en una asociación cultural, colaborar en la organización de eventos comunitarios o ayudar en una campaña solidaria también son formas de participación social.

Desde el punto de vista legal y democrático, la participación se reconoce como un derecho fundamental en las sociedades abiertas. En España, la Constitución de 1978 establece en su artículo 9.2 que corresponde a los poderes públicos facilitar la participación de todos los ciudadanos en la vida política, económica, cultural y social.

Una persona migrante que colabora como voluntaria en una asociación de barrio está ejerciendo su derecho a la participación social, aunque no tenga nacionalidad española.

2. Mecanismos de participación: individual y colectiva

La participación puede desarrollarse a través de vías individuales o colectivas, cada una con características y posibilidades distintas.

En el caso de la **participación individual**, se trata de acciones llevadas a cabo por una persona a título personal.

Algunas de estas acciones pueden ser:

- Votar en elecciones (si se tiene el derecho).
- Presentar una queja o sugerencia en un servicio público.
- Firmar peticiones ciudadanas.
- Acudir a reuniones abiertas o eventos informativos del ayuntamiento.
- Participar como voluntario en una actividad comunitaria.

Por otro lado, la **participación colectiva** implica la acción conjunta de varias personas organizadas. Puede realizarse a través de:

- Asociaciones vecinales, culturales o de inmigrantes.
- Cooperativas y grupos de consumo.
- Plataformas ciudadanas o movimientos sociales.
- Comités escolares, asociaciones de padres y madres.
- Sindicatos y organizaciones profesionales.

Ejemplo

Una asociación de mujeres migrantes que organiza talleres de empoderamiento está desarrollando una forma de participación colectiva con impacto directo en su comunidad.

Fig. 2. Muchas personas extranjeras optan por comenzar participando individualmente (como asistentes a una actividad local), y más adelante se integran en espacios colectivos donde pueden compartir experiencias y luchar por intereses comunes

Ambos tipos de participación son complementarios y contribuyen a que las personas se sientan parte activa de la sociedad. Además, permiten que las instituciones públicas conozcan mejor las necesidades reales de la ciudadanía, fomentando así políticas más justas e inclusivas.

3. Diversidad cultural y barreras a la participación

La **diversidad cultural** es una característica fundamental de las sociedades contemporáneas. En España, especialmente en comunidades con presencia significativa de personas migrantes, esta diversidad se manifiesta en lenguas, religiones, costumbres, formas de organización y tradiciones distintas que conviven en un mismo espacio social.

Esta pluralidad enriquece el tejido social, pero también puede plantear retos para la participación cuando no existen mecanismos adecuados de inclusión. A menudo, las personas extranjeras encuentran obstáculos que dificultan su implicación activa en la comunidad.

Anotación

Aunque todas las personas tienen derecho a participar, no todas parten desde el mismo punto. Por eso, es importante que las instituciones diseñen acciones específicas para facilitar la participación inclusiva, especialmente de los colectivos más vulnerables.

Entre las **barreras más frecuentes** que limitan la participación destacan:

- Desconocimiento del idioma o de los códigos culturales locales.
- Falta de información sobre los espacios, derechos o formas de participación.
- Situaciones de discriminación o racismo que generan desconfianza y retraimiento.
- Condiciones económicas y laborales precarias, que restan tiempo y energía para el compromiso social.
- Ausencia de redes sociales o de apoyo en el entorno inmediato.
- Burocracia o normativas excluyentes, como la exigencia de nacionalidad para ciertos derechos participativos.

Ejemplo

Una madre marroquí que no domina el español puede sentirse insegura para acudir a las reuniones del AMPA (Asociación de Madres y Padres del Alumnado), a pesar de tener mucho que aportar en relación con la educación de sus hijos.

Fig. 3. Superar estas barreras requiere medidas de sensibilización intercultural, traducción, acompañamiento y formación, así como fomentar una actitud abierta por parte de la sociedad de acogida

4. Elaboración de un plan personal de participación

Diseñar un **plan personal de participación** es una herramienta útil para que cada persona identifique las oportunidades que existen en su entorno y decida cómo involucrarse activamente según sus intereses, habilidades y disponibilidad.

Este plan no requiere documentos formales, pero sí reflexión, motivación y compromiso. Puede construirse en base a los siguientes pasos:

1. **Reconocer el contexto**: Informarse sobre asociaciones, recursos comunitarios, centros cívicos, espacios vecinales o actividades culturales presentes en el barrio o municipio.

2. **Definir intereses y capacidades**: Identificar qué temas motivan (educación, cultura, medioambiente, igualdad...), cuánto tiempo puede dedicarse, qué habilidades se pueden ofrecer y qué se desea aprender.

3. **Establecer objetivos personales**: Marcar pequeñas metas realistas, como asistir a una reunión, apuntarse a una actividad, colaborar como voluntario o presentar una propuesta.

4. **Buscar apoyos**: Acudir a personas o entidades que puedan orientar, traducir, acompañar o ayudar en el proceso de integración participativa.

5. **Evaluar la experiencia**: Reflexionar cada cierto tiempo sobre cómo se está participando, qué se ha logrado y qué se podría mejorar o ampliar.

Ejemplo

Un joven senegalés que disfruta del deporte puede empezar su plan participando en un torneo de fútbol local, después ayudar a organizar actividades en su barrio, y más adelante incorporarse a una asociación juvenil como monitor voluntario.

Fig. 4. Los planes favorecen el empoderamiento, el arraigo en la comunidad y el desarrollo de habilidades sociales, a la vez que contribuye al fortalecimiento del tejido social local

Recuerda

La participación no tiene que ser inmediata ni total desde el primer momento. Es posible avanzar poco a poco, ganando confianza y experiencia, hasta encontrar una forma estable y satisfactoria de implicación.

Resumen

La participación ciudadana constituye un pilar fundamental en cualquier sociedad democrática, ya que permite a las personas implicarse activamente en la vida colectiva, ejercer sus derechos y contribuir al bienestar común. En el caso de las personas extranjeras, esta participación resulta clave para favorecer la integración, el arraigo y la creación de vínculos con la comunidad de acogida. Participar no se limita al ámbito político o institucional: también incluye formas cotidianas como colaborar en una asociación, asistir a una actividad local, implicarse en la educación de los hijos o formar parte de un proyecto solidario.

Existen diferentes mecanismos de participación, que pueden clasificarse en individuales o colectivos. La participación individual se refiere a aquellas acciones que una persona realiza por iniciativa propia, como ejercer el derecho al voto, presentar una reclamación ante un servicio público o colaborar de forma puntual en actividades vecinales. Por su parte, la participación colectiva se desarrolla a través de grupos organizados, como asociaciones de vecinos, sindicatos, plataformas ciudadanas o entidades culturales. Ambas formas se complementan y fortalecen el sentido de pertenencia y responsabilidad social.

Sin embargo, no todas las personas encuentran las mismas facilidades para participar. La diversidad cultural, aunque enriquecedora, puede dar lugar a barreras que dificulten la implicación de quienes proceden de otros contextos. Entre los principales obstáculos se encuentran el desconocimiento del idioma, la falta de información, el miedo a la discriminación, la precariedad laboral o la ausencia de redes sociales. Estas barreras no solo afectan la capacidad de participación, sino que también generan aislamiento y exclusión social. Por ello, resulta esencial promover entornos accesibles, inclusivos y sensibles a las realidades diversas.

Para superar esas dificultades, una herramienta práctica es la elaboración de un plan personal de participación, que ayude a cada persona a reflexionar sobre sus intereses, recursos disponibles y metas a corto o medio plazo. Este plan permite identificar espacios donde colaborar, establecer objetivos realistas y evaluar el propio progreso en el camino hacia una participación más activa.

Glosario

Asociación

Grupo de personas que se organizan para realizar actividades comunes (por ejemplo, asociaciones de vecinos, culturales o de inmigrantes).

Convivencia

Relación respetuosa y pacífica entre personas de diferentes orígenes, culturas o creencias que comparten un mismo espacio.

Diversidad cultural

Convivencia de diferentes tradiciones, lenguas, costumbres y formas de vida dentro de una misma sociedad.

Participación ciudadana

Acción de intervenir en la vida social, cultural o política de la comunidad. Puede hacerse de forma individual o a través de asociaciones.

Voluntariado

Actividad no remunerada que se realiza para ayudar a otras personas o colaborar con organizaciones sociales.

Ejercicios de autoevaluación

1. ¿Qué se entiende por participación social?

    a. El seguimiento de las redes sociales locales.

    b. La implicación activa en la vida de la comunidad.

    c. La obtención de ayudas públicas.

    d. La nacionalización de una persona extranjera.

2. ¿Cuál de las siguientes acciones es una forma de participación individual?

    a. Presentar una sugerencia en el ayuntamiento.

    b. Formar parte de una cooperativa.

    c. Organizar un festival cultural como parte de una asociación.

    d. Trabajar en una empresa multicultural.

3. ¿Qué tipo de participación implica actuar junto a otras personas de forma organizada?

    a. Participación institucional.

    b. Participación colectiva.

    c. Participación electoral.

    d. Participación pasiva.

4. ¿Qué derecho garantiza la participación de la ciudadanía en la vida política y social según la Constitución Española?

    a. Artículo 14.

    b. Artículo 27.

    c. Artículo 9.2.

    d. Artículo 35.

5. ¿Qué barrera puede limitar la participación de una persona extranjera en su comunidad?

    a. El desconocimiento del idioma.

    b. Tener experiencia profesional previa.

    c. Asistir a actividades culturales.

    d. Acceder al sistema sanitario.

6. ¿Cuál de estas situaciones representa una participación colectiva?

    a. Votar en las elecciones locales.

    b. Asistir a una charla sobre salud pública.

    c. Leer un folleto informativo.

    d. Colaborar en una asociación de vecinos.

7. ¿Cuál es uno de los beneficios de la participación social?

    a. Obtener descuentos fiscales.

    b. Acelerar el proceso de nacionalización.

    c. Contribuir al bienestar común y al arraigo.

    d. Evitar el cumplimiento de obligaciones legales.

8. ¿Qué medida puede facilitar la participación de personas con barreras lingüísticas?

    a. Aumentar los requisitos legales.

    b. Exigir titulaciones homologadas.

    c. Ofrecer traducción y acompañamiento.

    d. Limitar su acceso a los espacios colectivos.

9. ¿Qué se recomienda como primer paso para elaborar un plan personal de participación?

a. Formarse en derecho constitucional.

b. Asistir a un curso de integración.

c. Reconocer el contexto y los recursos disponibles.

d. Solicitar subvenciones públicas.

10.¿Qué objetivo tiene un plan personal de participación?

a. Presentarse a cargos públicos.

b. Obtener la residencia permanente.

c. Iniciar un trámite administrativo.

d. Organizar la implicación personal en la comunidad.

U. A. 6. Acceso y gestión de la vivienda

Introducción

Contar con una vivienda digna y estable es un elemento esencial para el bienestar. Esta unidad ofrece información práctica sobre el mercado inmobiliario en España, el funcionamiento de los contratos de alquiler y los derechos y deberes de las personas arrendatarias. Además, se explican los pasos para buscar vivienda de forma eficaz, las ayudas públicas disponibles y las condiciones de acceso a la vivienda protegida. También se incluye una breve orientación sobre los seguros del hogar.

Objetivos

- Conocer los distintos tipos de vivienda y el funcionamiento del mercado inmobiliario.
- Identificar los aspectos clave de un contrato de alquiler y sus implicaciones legales.
- Saber cómo buscar una vivienda y acceder a las ayudas disponibles.
- Comprender el papel de la vivienda protegida y los seguros en la estabilidad residencial.

1. Tipos de vivienda y características del mercado inmobiliario

En España, existen diferentes **tipos de vivienda** que pueden encontrarse tanto en el mercado de alquiler como en el de compraventa.

Las más comunes son:

- **Vivienda en propiedad**, que pertenece a una persona o familia.
- **Vivienda en alquiler**, ocupada mediante el pago mensual a un propietario.
- **Vivienda de protección oficial (VPO)**, destinada a personas con ingresos bajos o moderados y regulada por las administraciones públicas.
- **Habitaciones en alquiler**, opción habitual entre personas migrantes o jóvenes, con contratos más flexibles.
- **Viviendas compartidas**, donde varias personas no relacionadas comparten un piso y reparten los gastos.

El mercado inmobiliario en España se caracteriza por una fuerte presencia de la propiedad privada, aunque en los últimos años ha aumentado la demanda de alquiler, sobre todo en zonas urbanas.

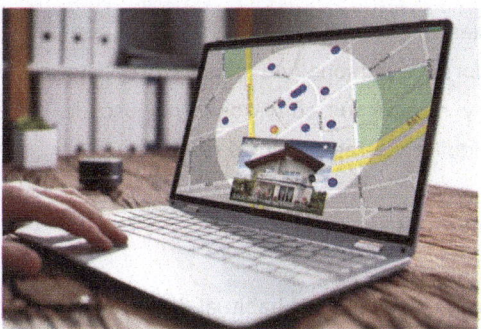

Fig. 1. El mercado inmobiliario se ve influido por factores como la ubicación, la demanda turística, el tamaño de la vivienda y el estado del inmueble

Anotación

En las grandes ciudades como Madrid, Barcelona o Málaga, los precios de alquiler pueden ser muy elevados en comparación con otras zonas. En cambio, en localidades más pequeñas, es posible acceder a alquileres más asequibles.

Además, es importante distinguir entre el mercado libre, donde los precios los marca la oferta y la demanda, y el mercado protegido, donde existen limitaciones y ayudas para facilitar el acceso a personas en situación vulnerable.

Ejemplo

Una familia migrante con pocos ingresos podría optar a una vivienda de protección oficial si cumple los requisitos establecidos por la administración autonómica o local.

2. Contrato de alquiler: derechos, deberes y condiciones

El contrato de alquiler o arrendamiento de vivienda es un acuerdo legal entre el propietario (arrendador) y la persona que alquila (arrendatario). Este contrato debe ser siempre por escrito y recoger las condiciones del uso de la vivienda, duración del acuerdo, precio del alquiler y otras cláusulas relevantes.

Los **derechos del inquilino** incluyen:

- Usar la vivienda como domicilio habitual durante el tiempo pactado.
- Exigir que la vivienda esté en condiciones de habitabilidad.
- Recibir notificación previa si el propietario quiere recuperar el uso del piso por necesidad.
- Recuperar la fianza si la vivienda se devuelve en buen estado.

Los deberes del inquilino son:

- Pagar puntualmente la renta mensual acordada.
- Usar la vivienda con diligencia y no causarle daños.
- Permitir las reparaciones necesarias y urgentes.
- No subarrendar la vivienda sin consentimiento del propietario.

Por su parte, el arrendador tiene derecho a recibir el pago de la renta y exigir el uso adecuado de la vivienda, y debe cumplir con sus obligaciones de mantenimiento y conservación del inmueble.

 Ejemplo

Si se rompe una tubería o la calefacción deja de funcionar por una avería estructural, el propietario debe repararlo. Pero si se rompe un electrodoméstico por mal uso, podría ser responsabilidad del inquilino.

Fig. 2. Todo contrato de alquiler suele incluir una fianza, equivalente a un mes de alquiler, que se devuelve al finalizar el contrato si no hay daños ni deudas pendientes

legislación

En España, la Ley de Arrendamientos Urbanos (LAU) regula los contratos de alquiler de vivienda. Esta ley establece una duración mínima de cinco años (si el arrendador es persona física) o siete años (si es persona jurídica), salvo que se pacte otra cosa por escrito y legalmente aceptado.

3. Cómo buscar una vivienda de forma eficaz

Encontrar una vivienda adecuada puede resultar difícil, especialmente si se desconoce el funcionamiento del mercado o se está recién llegado a una zona. Para realizar una **búsqueda eficaz**, es importante seguir una serie de pasos y utilizar distintos canales de información.

En primer lugar, conviene **definir bien las necesidades**: cuántas personas vivirán en la vivienda, qué presupuesto mensual puede asumirse, si se necesita cercanía al trabajo o al colegio, y si se prefiere una vivienda individual, compartida o solo una habitación.

Anotación

Muchos problemas se evitan si se tiene claro desde el principio cuánto se puede pagar mensualmente, teniendo en cuenta también los gastos de agua, luz, gas, comunidad o internet.

Entre los canales más utilizados para buscar vivienda, destacan:

- **Portales de internet** (Idealista, Fotocasa, Milanuncios, etc.).
- **Grupos en redes sociales**, especialmente en Facebook o Telegram.
- **Anuncios en supermercados o tablones comunitarios.**
- **Inmobiliarias**, que ofrecen asesoramiento y suelen gestionar directamente el contrato.

- **Ayuntamientos o servicios sociales**, que en algunos casos ofrecen bolsas de vivienda o información sobre alojamientos temporales.

Ejemplo

Un joven migrante sin red familiar en la ciudad podría comenzar su búsqueda en portales web y grupos de Facebook especializados en alquileres para estudiantes o personas extranjeras.

Es fundamental desconfiar de ofertas que parezcan demasiado buenas (precios muy bajos o condiciones poco claras) y visitar siempre la vivienda antes de firmar. También es recomendable llevar a cabo la firma del contrato por escrito y pedir recibos de todos los pagos realizados.

Fig. 3. No se deben entregar cantidades de dinero sin garantías. Es frecuente que personas en situación vulnerable sean víctimas de fraudes por "reservas" que nunca se devuelven

4. Subvenciones y ayudas para el acceso a la vivienda

El Estado y las comunidades autónomas ofrecen diferentes **subvenciones y ayudas públicas** para facilitar el acceso a la vivienda, especialmente a personas con bajos ingresos, familias con hijos o situaciones de vulnerabilidad.

Entre las principales ayudas disponibles se encuentran:

- **Ayudas al alquiler**: se otorgan para cubrir parte del coste mensual del arrendamiento. Se suelen conceder a familias o personas con ingresos inferiores a un límite establecido.
- **Bono joven de alquiler**: ayuda económica específica para personas jóvenes entre 18 y 35 años que alquilan una vivienda como residencia habitual.
- **Ayudas de emergencia habitacional**: gestionadas por los servicios sociales para casos de desahucio, pérdida repentina de ingresos o situaciones críticas.
- **Programas autonómicos o municipales**: cada comunidad autónoma o ayuntamiento puede tener convocatorias específicas para vivienda social o ayudas directas.

 Ejemplo

Una madre sola con dos hijos y sin empleo estable puede acudir a los servicios sociales de su municipio para informarse sobre ayudas al alquiler, viviendas protegidas o alojamiento temporal en caso de urgencia.

Para solicitar estas ayudas, generalmente se exige:

- Estar empadronado en el municipio correspondiente.
- Disponer de documentación legal en regla (NIE o DNI).
- No superar un determinado límite de ingresos familiares.
- Aportar un contrato de alquiler en vigor o un justificante de la necesidad habitacional.

 legislación

Estas ayudas suelen estar reguladas por planes estatales o autonómicos, como el Plan Estatal para el acceso a la vivienda 2022-2025, que contempla medidas específicas para personas en situación de vulnerabilidad social o económica.

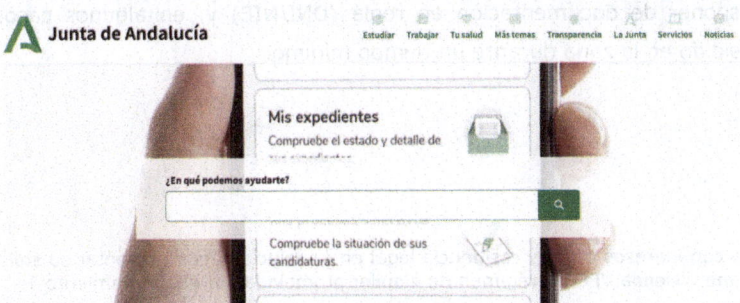

Fig. 4. Conviene revisar los portales de la Junta de Andalucía, los ayuntamientos locales o acudir a oficinas de vivienda y servicios sociales municipales, que ofrecen información actualizada sobre los plazos, requisitos y formularios

5. Vivienda protegida: requisitos y procedimientos

La vivienda protegida, también conocida como vivienda de protección oficial (VPO), es un tipo de inmueble promovido por las administraciones públicas y destinado a facilitar el acceso a la vivienda a personas con menos recursos. Estas viviendas tienen un precio más bajo que el del mercado libre y están sometidas a una regulación específica.

Las principales características de la vivienda protegida son:

- Están destinadas a personas con ingresos limitados, que no pueden acceder a una vivienda en el mercado libre.
- Pueden ser de alquiler o de compraventa.
- Tienen un precio máximo fijado por la administración.
- El uso debe ser para residencia habitual y permanente.

Para acceder a una vivienda de protección oficial, normalmente se deben cumplir ciertos requisitos:

- Estar empadronado en la comunidad o municipio donde se solicita.
- No ser propietario de otra vivienda.
- Tener ingresos familiares dentro de los límites establecidos (por ejemplo, no superar 3,5 veces el IPREM).

- Disponer de documentación en regla (DNI/NIE) y, en algunos casos, haber residido en la zona durante un tiempo mínimo.

Ejemplo

Una familia con ingresos bajos y residencia legal en Andalucía puede presentar su solicitud para acceder a una vivienda VPO en régimen de alquiler promovida por el ayuntamiento

El **procedimiento habitual** implica:

1. Consultar las convocatorias públicas abiertas en el portal de la Junta de Andalucía o en el ayuntamiento correspondiente.
2. Rellenar la solicitud con la documentación requerida (nóminas, declaración de ingresos, empadronamiento, etc.).
3. Esperar la resolución de la administración, que seleccionará a las personas beneficiarias según los criterios establecidos.

Fig. 5. Muchas de estas viviendas no se adjudican de forma inmediata, sino que requieren inscribirse previamente en un registro de demandantes de vivienda protegida, lo que facilita el acceso cuando hay nuevas promociones

6. Seguro del hogar: utilidad y cobertura

El seguro del hogar es un contrato que protege la vivienda frente a determinados riesgos o daños, tanto para el propietario como para la persona que alquila. Aunque no siempre es obligatorio, su contratación es altamente recomendable, ya que evita situaciones problemáticas ante incidentes como incendios, inundaciones o robos.

Existen diferentes tipos de seguros del hogar, pero en general ofrecen dos grandes coberturas:

- **Daños materiales a la vivienda** (continente): cubre la estructura del edificio, como paredes, techos o instalaciones.
- **Contenido**: cubre los bienes personales y muebles dentro de la casa, como electrodomésticos, ropa, ordenadores, etc.
- **Responsabilidad civil**: cubre los daños que se puedan causar a terceros desde la vivienda (por ejemplo, una fuga de agua que afecta al piso de abajo).

Si se rompe una tubería del piso y se moja el techo del vecino, el seguro puede hacerse cargo de los daños si incluye responsabilidad civil.

Aunque el propietario suele contratar el seguro que cubre el continente, el inquilino también puede (y debe) contratar un seguro de contenido, sobre todo si desea proteger sus pertenencias o cubrir posibles daños a terceros.

Algunas comunidades autónomas o propietarios exigen al inquilino contar con un seguro de hogar básico para alquilar una vivienda.

La contratación de un seguro requiere:

- Comparar ofertas en distintas aseguradoras.
- Elegir una cobertura adecuada a las necesidades personales.

- Revisar las condiciones, exclusiones y franquicias (parte no cubierta por la aseguradora).

No todos los seguros cubren los mismos riesgos. Es importante leer bien las condiciones y pedir asesoramiento si hay dudas sobre lo que se incluye y lo que no.

Resumen

Acceder a una vivienda adecuada es un elemento clave en el proceso de integración social. En España existen diversos tipos de vivienda, como las de propiedad, las de alquiler, las habitaciones o viviendas compartidas, y las viviendas de protección oficial. El mercado inmobiliario varía notablemente según la localización, siendo más caro en grandes ciudades que en zonas rurales o periféricas. Además, se diferencia entre el mercado libre, donde los precios se fijan por oferta y demanda, y el mercado protegido, con precios regulados para facilitar el acceso a personas con menos recursos.

Cuando se alquila una vivienda, se firma un contrato de arrendamiento que establece los derechos y deberes tanto del inquilino como del propietario. El arrendatario tiene derecho a usar la vivienda como domicilio habitual y a exigir que se mantenga en condiciones adecuadas, mientras que debe pagar la renta acordada y cuidar del inmueble. Por su parte, el propietario debe respetar el contrato y hacerse cargo de las reparaciones estructurales. El contrato suele incluir una fianza, equivalente a un mes de alquiler, que se devuelve al finalizar el arrendamiento si no hay daños.

La búsqueda de una vivienda eficaz comienza con la identificación clara de las necesidades, el presupuesto disponible y la zona deseada. Existen múltiples canales para encontrar vivienda, como portales web, redes sociales, inmobiliarias o tablones comunitarios. Es fundamental visitar personalmente el inmueble antes de firmar y desconfiar de ofertas sospechosamente baratas o poco claras. Además, es recomendable pedir siempre un contrato por escrito y conservar los justificantes de pago.

Para facilitar el acceso a la vivienda, existen diversas ayudas públicas. Entre las más comunes se encuentran las subvenciones al alquiler, el bono joven y las ayudas de emergencia gestionadas por los servicios sociales. Estas ayudas están dirigidas a personas o familias con ingresos bajos y requieren cumplir requisitos como estar empadronado, tener residencia legal en España y aportar documentación que acredite la situación económica y habitacional. Las convocatorias y condiciones pueden variar según la comunidad autónoma o el municipio.

Las viviendas protegidas, también conocidas como VPO, son promovidas por la administración para garantizar el acceso a la vivienda de colectivos con dificultades económicas. Pueden ser en régimen de alquiler o compraventa, y su precio está limitado por ley. Para acceder a una de estas viviendas, es necesario inscribirse en un registro público, cumplir ciertos requisitos de ingresos y no ser titular de otra vivienda en propiedad. El proceso se realiza a través de convocatorias oficiales y requiere presentar la documentación correspondiente.

Por último, el seguro del hogar constituye una herramienta fundamental para proteger la vivienda frente a riesgos como incendios, robos o inundaciones. Aunque no siempre es obligatorio, su contratación es muy recomendable tanto para propietarios como para inquilinos. El seguro puede cubrir tanto la estructura de la vivienda como los bienes personales y, en muchos casos, la responsabilidad civil por daños a terceros. Elegir el seguro adecuado implica comparar ofertas, conocer bien las coberturas incluidas y leer cuidadosamente las condiciones del contrato.

Glosario

Ayuda al alquiler

Subvención económica que algunas administraciones conceden para facilitar el pago del alquiler a personas con pocos recursos.

Contrato de alquiler

Acuerdo legal entre el propietario de una vivienda y la persona que va a vivir en ella, en el que se fijan aspectos como el precio, la duración o las normas de uso.

Empadronamiento

Inscripción en el padrón municipal que acredita que una persona vive en un determinado municipio. Es necesario para acceder a servicios públicos.

Fianza

Cantidad de dinero que se entrega al inicio del alquiler como garantía. Se devuelve al finalizar el contrato si no hay daños en la vivienda.

Seguro del hogar

Servicio que cubre daños materiales en la vivienda (por ejemplo, incendios, robos o inundaciones).

Vivienda protegida

Tipo de vivienda con un precio más bajo que el del mercado, destinada a personas con ingresos limitados. Para acceder a ella se deben cumplir ciertos requisitos.

Ejercicios de autoevaluación

1. **¿Cuál de los siguientes tipos de vivienda está regulado por la administración y tiene un precio limitado?**

a. Vivienda en propiedad.

b. Vivienda compartida.

c. Vivienda de protección oficial (VPO).

d. Habitación en alquiler.

2. **¿Qué derecho tiene toda persona que alquila una vivienda como residencia habitual?**

a. Modificar el inmueble sin permiso.

b. Subarrendarla libremente.

c. No pagar si el propietario no vive en ella.

d. Exigir condiciones adecuadas de habitabilidad.

3. **¿Cuál es una fuente habitual para buscar vivienda en alquiler?**

a. Anuncios en los buzones sin dirección.

b. Cartas enviadas al ayuntamiento.

c. Portales de internet como Idealista o Fotocasa.

d. Registros de propiedad.

4. **¿Qué es la fianza en un contrato de alquiler?**

a. Un impuesto que se paga al ayuntamiento.

b. Un depósito económico que garantiza el cumplimiento del contrato.

c. Una bonificación por alquilar rápido.

d. Un documento opcional para inquilinos.

5. ¿Cuál es un deber del arrendatario?

a. Cuidar la vivienda y pagar el alquiler puntualmente.

b. Exigir una rebaja anual.

c. Subarrendar habitaciones sin consultar.

d. Cambiar cerraduras sin aviso.

6. ¿Qué ayuda específica está dirigida a jóvenes entre 18 y 35 años?

a. Ayuda de emergencia.

b. Subvención por hijos a cargo.

c. Plan municipal de hipoteca.

d. Bono joven de alquiler.

7. ¿Qué cobertura NO es habitual en un seguro del hogar?

a. Contenido de la vivienda.

b. Responsabilidad civil.

c. Gastos escolares de los hijos.

d. Daños estructurales (continente).

8. ¿Qué se necesita para acceder a una vivienda protegida?

a. Tener un aval bancario.

b. Haber residido en España durante diez años.

c. Estar empadronado y cumplir límites de ingresos.

d. No tener familia a cargo.

9. ¿Qué organismo puede gestionar ayudas de emergencia habitacional?

a. Ministerio de Defensa.

b. Servicios sociales municipales.

c. Compañías eléctricas.

d. Registros notariales.

10.¿Qué debe hacerse siempre antes de firmar un contrato de alquiler?

   a. Visitar personalmente la vivienda.

   b. Presentar una carta de recomendación.

   c. Pagar tres meses por adelantado.

   d. Informar al banco.

U. A. 7. El sistema fiscal en España

Introducción

El sistema fiscal permite financiar los servicios públicos y garantizar el bienestar colectivo. Esta unidad explica de forma sencilla los principales impuestos que existen en España, quién debe pagarlos y cómo se gestionan.

También se aclara qué significa ser residente fiscal y cómo afectan los impuestos como el IRPF o el IVA a la vida diaria. Entender estos aspectos es clave para cumplir con las obligaciones legales y evitar sanciones.

Objetivos

- Comprender la función del sistema fiscal en la sociedad española.
- Conocer los principales impuestos que afectan a personas residentes.
- Identificar qué significa ser residente fiscal y sus implicaciones.
- Familiarizarse con el IRPF y el IVA en situaciones cotidianas.

1. Principales impuestos en el sistema tributario español

El sistema fiscal en España se basa en el principio de que todas las personas contribuyen al sostenimiento de los gastos públicos de acuerdo con su capacidad económica.

Fig. 1. Existen distintos tipos de impuestos, y se pueden clasificar según quién los gestiona (Estado, comunidad autónoma o ayuntamiento) y cómo se aplican (directos o indirectos)

Los **impuestos directos** se aplican directamente sobre los ingresos, el patrimonio o la propiedad de una persona.

Los principales son:

- **IRPF (Impuesto sobre la Renta de las Personas Físicas):** grava los ingresos obtenidos por las personas que residen en España, como salarios, pensiones, rendimientos de actividades económicas, etc.
- **Impuesto sobre el Patrimonio:** se aplica sobre el conjunto de bienes que posee una persona si superan un cierto umbral.
- **Impuesto de Sociedades:** grava los beneficios de las empresas.

Los **impuestos indirectos**, en cambio, se aplican sobre el consumo de bienes o servicios. Los más relevantes son:

- **IVA (Impuesto sobre el Valor Añadido):** es el más común y se paga al comprar productos o contratar servicios. Su tipo general es del 21 %, aunque existen tipos reducidos del 10 % (por ejemplo, alimentos) y del 4 % (como algunos productos básicos).

- **Impuestos especiales:** gravan productos como el alcohol, el tabaco o los carburantes.

Anotación

Las personas extranjeras que residan y trabajen en España están sujetas a las mismas obligaciones fiscales que cualquier ciudadano español. Esto incluye declarar sus ingresos y pagar los impuestos correspondientes si alcanzan los umbrales establecidos.

También existen impuestos de carácter autonómico y local, como:

- Impuesto de Transmisiones Patrimoniales o Actos Jurídicos Documentados.
- Impuesto sobre Bienes Inmuebles (IBI): lo pagan los propietarios de viviendas.
- Impuesto sobre Vehículos de Tracción Mecánica (el "numerito" del coche).

Ejemplo

Si una persona trabaja con un contrato en España y gana 1.500 € al mes, una parte de ese salario se destina a pagar el IRPF. Además, cuando compra en el supermercado o paga el alquiler, paga impuestos indirectos como el IVA.

2. Concepto y determinación de la residencia fiscal

El concepto de residencia fiscal es clave para saber qué impuestos se deben pagar en España y sobre qué ingresos. La residencia fiscal se refiere al país en el que una persona está obligada a declarar y pagar impuestos sobre todos sus ingresos, tanto los obtenidos en el propio país como en el extranjero.

Una persona se considera residente fiscal en España si cumple alguna de estas condiciones:

1. Pasa más de 183 días al año en territorio español.
2. Tiene en España el centro principal de sus actividades económicas o intereses vitales (por ejemplo, trabajo, negocio, familia).
3. Su cónyuge o hijos menores de edad residen habitualmente en España.

En estos casos, la persona deberá pagar el IRPF en España sobre la totalidad de sus ingresos, sin importar en qué país los haya generado.

 Anotación

Las personas extranjeras pueden encontrarse en situación de residencia legal en España sin ser residentes fiscales si no superan los 183 días o no tienen aquí su centro de intereses económicos. Sin embargo, una vez se establece la residencia habitual, también surge la obligación de tributar.

Por el contrario, si no se cumple ninguno de estos criterios, se considera no residente fiscal, y solo tendrá que pagar impuestos en España por los ingresos obtenidos aquí (por ejemplo, alquiler de una vivienda o ingresos por una actividad puntual).

 Ejemplo

Un ciudadano extranjero que llega a España en abril y permanece aquí todo el año trabajando por cuenta ajena, es considerado residente fiscal, y debe declarar todos sus ingresos en España al hacer la declaración del IRPF.

3. El IRPF: características, tramos y declaraciones

El IRPF (Impuesto sobre la Renta de las Personas Físicas) es un impuesto directo y progresivo que grava los ingresos obtenidos por una persona a lo largo del año. Esto incluye los sueldos, pensiones, beneficios de negocios, intereses de cuentas bancarias, alquileres, etc.

Este impuesto es progresivo, lo que significa que cuanto mayor es el ingreso, mayor es el porcentaje que se paga. Para calcularlo, se dividen los ingresos en tramos, cada uno con un porcentaje distinto.

Actualmente, los tramos del IRPF a nivel estatal (a los que se suma un tramo autonómico que puede variar) son los siguientes:

- Hasta 12.450 €: 19 %
- De 12.450 € a 20.200 €: 24 %
- De 20.200 € a 35.200 €: 30 %
- De 35.200 € a 60.000 €: 37 %
- De 60.000 € a 300.000 €: 45 %
- Más de 300.000 €: 47 %

Esto no significa que si una persona gana 30.000 €, pague un 30 % sobre todo. Cada tramo se aplica solo a la parte correspondiente del ingreso, lo que hace que el tipo efectivo (lo que realmente se paga) sea menor.

La declaración del IRPF, también llamada declaración de la renta se realiza una vez al año, normalmente entre abril y junio, a través de la Agencia Tributaria. Se puede presentar por internet (mediante el programa Renta WEB), con certificado digital o con ayuda profesional.

Ejemplo

Una persona que gana 18.000 € al año no pagará un 24 %, sino un porcentaje menor que resulta de aplicar el 19 % sobre los primeros 12.450 € y el 24 % solo sobre los 5.550 € restantes.

Fig. 2. Las personas extranjeras residentes fiscalmente en España también deben presentar la declaración del IRPF si sus ingresos superan los mínimos establecidos, aunque hayan obtenido parte de ellos en su país de origen

4. El IVA y su aplicación en la vida cotidiana

El **IVA (Impuesto sobre el Valor Añadido)** es un impuesto indirecto que se aplica al consumo. Es decir, se paga al comprar bienes o contratar servicios, y lo cobra la empresa que los vende para luego ingresarlo en Hacienda.

En España existen tres tipos de IVA:

- **Tipo general (21 %):** se aplica a la mayoría de los productos y servicios.
- **Tipo reducido (10 %):** se aplica a alimentos, transporte de viajeros, hostelería, viviendas, etc.
- **Tipo superreducido (4 %):** se reserva para productos de primera necesidad como pan, leche, frutas, medicamentos, libros y periódicos.

Aunque el consumidor lo paga, **el IVA no lo declara directamente**, salvo si es empresario o autónomo. Son las empresas las que recaudan el impuesto y lo ingresan en Hacienda cada trimestre.

Ejemplo

Si una persona compra un producto por 121 €, en realidad está pagando 100 € por el producto y 21 € de IVA. Ese importe de 21 € lo ingresa el vendedor en Hacienda.

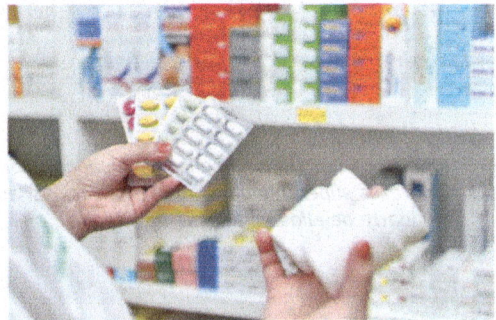

Fig. 3. Entender el IVA ayuda a calcular el precio real de los productos y a conocer el motivo por el que ciertos bienes de primera necesidad, como el pan o los medicamentos, tienen precios con impuestos más bajos

Resumen

El sistema fiscal español se basa en el principio de que toda persona debe contribuir, en función de su capacidad económica, al sostenimiento de los gastos públicos. Para ello, el Estado recauda diversos impuestos que se clasifican, principalmente, en directos e indirectos. Entre los primeros destacan el Impuesto sobre la Renta de las Personas Físicas (IRPF), que grava los ingresos anuales de cada persona, y el Impuesto sobre el Patrimonio, aplicado sobre la totalidad de los bienes que posee un contribuyente. Entre los segundos, el más relevante es el Impuesto sobre el Valor Añadido (IVA), que se aplica en la compra de bienes y servicios.

Uno de los conceptos clave para saber qué impuestos debe pagar una persona en España es la residencia fiscal. Se considera residente fiscal en España quien pasa más de 183 días al año en el país, tiene en él su núcleo principal de actividades económicas o cuyos familiares más cercanos (cónyuge o hijos menores) residen habitualmente en territorio español. En este caso, la persona está obligada a declarar en España la totalidad de sus ingresos, tanto si los ha obtenido aquí como en el extranjero. Por el contrario, las personas no residentes solo deben declarar los ingresos obtenidos dentro del país.

El IRPF es un impuesto directo, personal y progresivo, lo que significa que tiene en cuenta la situación económica de cada persona y que a mayores ingresos se aplican mayores porcentajes de tributación. El impuesto se calcula aplicando distintos tramos impositivos, cada uno con un tipo determinado, que se suman de forma escalonada. Por ejemplo, los primeros 12.450 euros tributan al 19 %, y las cantidades superiores se van gravando a tipos más altos. La declaración del IRPF se realiza una vez al año, normalmente entre abril y junio, y debe presentarse si se han superado los umbrales establecidos, salvo en casos exentos.

Por su parte, el IVA es un impuesto indirecto que se paga al adquirir bienes o contratar servicios. Aunque lo paga el consumidor final, son las empresas o autónomos quienes lo ingresan en Hacienda. Existen tres tipos de IVA: el general del 21 %, el reducido del 10 %, aplicado por ejemplo a alimentos o transporte, y el superreducido del 4 %, que afecta a productos de primera necesidad como el pan, la leche o los medicamentos. Este impuesto forma parte del precio que paga cualquier persona al realizar una compra, por lo que está muy presente en la vida cotidiana.

Glosario

Impuesto

Cantidad de dinero que las personas deben pagar al Estado para financiar los servicios públicos como sanidad, educación o infraestructuras.

IRPF (Impuesto sobre la Renta de las Personas Físicas)

Impuesto que se aplica a los ingresos obtenidos por una persona en un año (salarios, pensiones, etc.).

IVA (Impuesto sobre el Valor Añadido)

Impuesto que se paga al comprar productos o servicios. Ya está incluido en el precio final de lo que se compra.

Residencia fiscal

Condición que se adquiere al vivir en España más de 183 días al año, lo que implica ciertas obligaciones fiscales.

Sistema tributario

Conjunto de normas que regulan cómo se recaudan y gestionan los impuestos en un país.

Ejercicios de autoevaluación

1. ¿Qué principio rige el sistema fiscal español?

    a. Igualdad absoluta de impuestos para todos.

    b. Contribución según la capacidad económica.

    c. Pago voluntario de tributos.

    d. Solo las empresas pagan impuestos.

2. ¿Cuál de los siguientes impuestos es un impuesto directo?

    a. IVA.

    b. IRPF.

    c. Impuesto sobre el Valor Añadido.

    d. Impuesto Especial sobre Hidrocarburos.

3. ¿Qué tipo de impuesto se aplica sobre el consumo de productos o servicios?

    a. IRPF.

    b. Impuesto sobre el Patrimonio.

    c. IVA.

    d. Impuesto de Sociedades.

4. ¿Cuál es el tipo general del IVA en España?

    a. 10 %

    b. 18 %

    c. 21 %

    d. 25 %

5. ¿Qué productos suelen tener un IVA superreducido del 4 %?

    a. Ropa y calzado.

    b. Servicios de transporte.

    c. Teléfonos móviles.

    d. Pan, leche y medicamentos.

6. ¿Cuál de los siguientes casos convierte a una persona en residente fiscal en España?

    a. Haber visitado España durante una semana.

    b. Permanecer más de 183 días al año en España.

    c. Viajar frecuentemente a España por turismo.

    d. Tener pasaporte español.

7. ¿Qué ocurre si una persona es residente fiscal en España?

    a. Solo tributa por lo que gana en España.

    b. Debe declarar todos sus ingresos, incluso los del extranjero.

    c. Está exenta de pagar impuestos.

    d. Solo paga IVA.

8. ¿Qué impuesto grava la totalidad de los bienes que posee una persona si superan cierto límite?

    a. IRPF.

    b. Impuesto sobre el Patrimonio.

    c. IVA.

    d. IBI.

9. **¿Qué tramo del IRPF se aplica a los primeros 12.450 € de ingresos anuales?**

a. 19 %.

b. 21 %.

c. 24 %.

d. 30 %.

10.¿Cómo se calcula el IRPF?

a. Aplicando un porcentaje único sobre el total de ingresos.

b. Aplicando diferentes tipos según tramos de ingresos.

c. Sumando el IVA pagado durante el año.

d. Aplicando un impuesto fijo sin importar los ingresos.

U. A. 8. Extranjería y el sistema jurídico español

Introducción

Las personas extranjeras en España tienen derechos, pero también están sujetas a una normativa específica. Esta unidad proporciona una visión general del marco jurídico relacionado con extranjería, incluyendo los trámites más frecuentes, las obligaciones legales y las posibles consecuencias de su incumplimiento. Se busca ofrecer información clara para que las personas migrantes puedan regularizar su situación y desenvolverse con seguridad en el entorno legal español.

Objetivos

- Conocer los principales derechos y deberes de las personas extranjeras en España.
- Identificar los trámites y procedimientos habituales en materia de extranjería.
- Comprender las situaciones que pueden conllevar una expulsión del territorio.
- Valorar la importancia del cumplimiento de la normativa jurídica.

1. Derechos y deberes de las personas extranjeras en España

Las personas extranjeras que residen en España, con independencia de su situación administrativa, poseen reconocidos una serie de derechos y deberes fundamentales, especialmente los contemplados en la Constitución Española y en la Ley Orgánica 4/2000, sobre derechos y libertades de los extranjeros en España y su integración social.

Estos derechos y deberes pueden agruparse en distintas categorías:

En primer lugar, los derechos reconocidos a todas las personas extranjeras, sin importar su situación administrativa, incluyen:

- El derecho a la vida, la integridad física y moral, y a no ser sometido a torturas ni a tratos inhumanos.
- El derecho a la libertad ideológica, religiosa y de culto.
- El derecho a la tutela judicial efectiva, es decir, a acceder a los tribunales para defender sus derechos e intereses.
- El derecho a la asistencia sanitaria de urgencia, y, en el caso de los menores y mujeres embarazadas, al acceso a la sanidad pública con normalidad.
- El derecho a la educación obligatoria para menores de edad en las mismas condiciones que los nacionales.

Por otro lado, los **derechos** que dependen de la situación de regularidad administrativa, como:

- El derecho al trabajo y a la Seguridad Social.
- El derecho a la libre circulación por el territorio español.
- El derecho a empadronarse y a residir legalmente en España.
- El derecho a la reagrupación familiar bajo determinadas condiciones.
- El derecho a la participación en la vida pública municipal, mediante el voto en elecciones locales cuando haya reciprocidad entre países.

Asimismo, las personas extranjeras tienen también una serie de **deberes**, entre los que destacan:

- Respetar la legislación española, incluidas las normas de extranjería y convivencia ciudadana.
- Mantener la documentación en regla, renovando en tiempo sus autorizaciones de residencia y trabajo.
- Inscribirse en el padrón municipal del lugar donde residan.
- Contribuir al sostenimiento de los servicios públicos, como el resto de la ciudadanía.

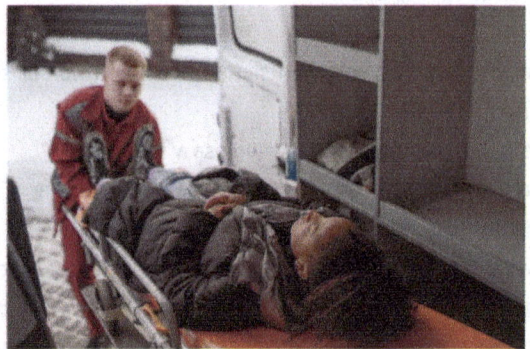

Fig. 1. El hecho de estar en situación irregular no impide a una persona extranjera ejercer derechos fundamentales como la educación básica de sus hijos o el acceso a atención médica urgente

2. Supuestos y consecuencias de la expulsión del territorio

La expulsión del territorio español es una medida administrativa que puede aplicarse a personas extranjeras en determinadas circunstancias previstas por la ley. Esta medida se ejecuta mediante resolución motivada y conforme a los principios de proporcionalidad y garantías jurídicas.

Algunos de los **principales supuestos** que pueden dar lugar a una orden de expulsión son:

- Permanecer en el país sin autorización de residencia, cuando existan circunstancias agravantes o reincidencia.
- Participar en actividades contrarias al orden público o a la seguridad nacional.
- Haber sido condenado, dentro o fuera de España, por delitos que puedan justificar la expulsión.
- Incumplir de forma grave o reiterada las normas en materia de extranjería.
- Hacer uso fraudulento de la documentación o falsear los motivos para obtener la residencia.

No obstante, la expulsión no podrá aplicarse a determinadas personas, como:

- Menores de edad no acompañados.
- Mujeres embarazadas en avanzado estado de gestación.
- Personas que tengan arraigo acreditado, hijos menores a su cargo o sean víctimas de trata.
- Aquellas cuya expulsión pueda suponer un riesgo grave para su integridad o derechos humanos, conforme al principio de no devolución.

En cuanto a las **consecuencias** de la expulsión, se destacan:

- Prohibición de entrada al territorio español y, en muchos casos, al espacio Schengen, durante un periodo determinado (normalmente entre 3 y 5 años).
- Cancelación de cualquier procedimiento de regularización en curso.
- En caso de no cumplir voluntariamente la orden de salida, la expulsión puede ejecutarse de forma forzosa y con custodia policial.

Un ciudadano extranjero que ha sido condenado por tráfico de drogas puede ser expulsado del país si se valora que su permanencia representa una amenaza para la seguridad pública, incluso si tenía permiso de residencia.

Fig. 2. El procedimiento de expulsión debe garantizar siempre el derecho a la defensa, incluido el acceso a un abogado, traductor y la posibilidad de interponer recursos administrativos y judiciales

3. Trámites y procedimientos más frecuentes en materia de Extranjería

Las personas extranjeras que desean residir, trabajar o estudiar en España deben realizar una serie de trámites ante la Administración pública, principalmente a través de la Oficina de Extranjería o de la Policía Nacional, según el caso. Estos procedimientos están regulados por la Ley Orgánica 4/2000 y su reglamento de desarrollo.

A continuación, se describen algunos de los trámites más habituales:

A. Solicitud de visado

El visado es el documento que permite entrar en España desde el país de origen. Se puede solicitar por diferentes motivos:

- **Turismo o estancia corta** (hasta 90 días).
- **Estudios o formación**.
- **Residencia no lucrativa** (sin trabajar).
- **Reagrupación familiar**.
- **Trabajo por cuenta ajena o propia.**

Fig. 3. El visado debe solicitarse en el consulado español del país de origen, salvo en algunos procedimientos de regularización interna

B. Autorización de residencia

Permite a la persona extranjera **residir legalmente** en España. Existen varias modalidades:

- **Residencia temporal** (hasta 1 año, prorrogable).
- **Residencia de larga duración** (tras 5 años de residencia legal y continuada).
- **Residencia por circunstancias excepcionales**, como el arraigo social, laboral o familiar.

Ejemplo

Una persona con tres años en España, integrada socialmente, sin antecedentes penales y con una oferta de empleo puede solicitar el arraigo social.

C. Autorización de trabajo

Permite trabajar legalmente en España. Existen dos tipos principales:

- **Por cuenta ajena**, cuando una empresa contrata al trabajador extranjero.
- **Por cuenta propia**, si se quiere emprender un negocio.

En ambos casos se exige acreditar la **viabilidad del empleo o del proyecto empresarial** y que se cumplan los requisitos legales y económicos.

D. Reagrupación familiar

Este trámite permite a los residentes legales traer a sus familiares directos, como:

- Cónyuge o pareja registrada.
- Hijos menores de 18 años o mayores con discapacidad.
- Ascendientes a cargo, en algunos casos.

Se debe demostrar que se dispone de vivienda adecuada y medios económicos suficientes para mantener a la familia.

E. Renovación de autorizaciones

Las autorizaciones de residencia o trabajo deben renovarse antes de su vencimiento. Para ello, se debe justificar:

- Que se ha mantenido la situación laboral (en el caso de trabajo).
- Que se dispone de recursos económicos (en el caso de residencia no lucrativa).
- Que no se han cometido infracciones graves ni delitos.

F. Solicitud de asilo o protección internacional

Las personas que huyen de conflictos, persecución o violaciones de derechos humanos pueden solicitar protección internacional en España. Este procedimiento les otorga derechos de residencia y acceso a servicios sociales mientras se resuelve su situación.

Fig. 4. Mientras se tramita la solicitud de asilo, la persona tiene derecho a permanecer en España y acceder a asistencia básica, incluyendo atención médica y ayudas humanitarias

G. Expedición de NIE y TIE

El **NIE** (Número de Identificación de Extranjero) es un número personal y único para identificar a extranjeros que tienen una relación con España (residencia, negocios, etc.). Por su parte, el **TIE** (Tarjeta de Identidad de Extranjero) es un documento físico que acredita la situación legal y contiene datos como tipo de autorización, fotografía y fecha de validez.

H. Empadronamiento

El empadronamiento en el municipio de residencia es obligatorio para todas las personas que viven en España. Es un requisito para acceder a muchos trámites y servicios, como la escolarización de menores o la atención sanitaria.

Todos estos procedimientos pueden realizarse en las Oficinas de Extranjería, en línea a través de la sede electrónica del Ministerio del Interior, o mediante gestorías especializadas.

Fig. 5. En muchos casos, la persona extranjera puede estar asistida por abogado o representante legal

Resumen

Esta unidad aborda los aspectos esenciales de la extranjería en el marco jurídico español, centrándose en los derechos, deberes y trámites legales que afectan a las personas extranjeras en el país. En primer lugar, se destaca que los extranjeros, con independencia de su situación administrativa, tienen garantizados derechos fundamentales reconocidos en la Constitución, como el derecho a la vida, la libertad ideológica y religiosa, la asistencia sanitaria urgente o la educación básica para los menores. Además, quienes residen legalmente pueden acceder a derechos adicionales, como el trabajo, la libre circulación o la reagrupación familiar. Estos derechos van acompañados de deberes legales, como respetar las normas, mantener la documentación en regla, empadronarse en el municipio de residencia y contribuir a la sociedad en igualdad de condiciones que el resto de la población.

Otro aspecto clave de la unidad es la expulsión del territorio español, que se contempla como una medida administrativa excepcional y regulada por ley. Esta puede aplicarse en casos de estancia irregular con agravantes, alteración del orden público o comisión de delitos, siempre respetando los derechos del afectado y garantizando el acceso a la defensa legal. La expulsión implica consecuencias como la prohibición de entrada durante un período determinado y la cancelación de procedimientos de regularización, aunque existen colectivos especialmente protegidos, como menores, mujeres embarazadas o personas con arraigo.

Finalmente, se analizan los trámites más frecuentes en materia de extranjería, como la solicitud de visados, las autorizaciones de residencia y trabajo, la reagrupación familiar, la renovación de permisos, la solicitud de asilo y la expedición del NIE y la TIE. Estos procedimientos permiten regularizar la situación de las personas extranjeras y facilitar su integración en la sociedad española. Todos ellos deben realizarse ante las autoridades competentes, siguiendo las condiciones establecidas por la ley y con posibilidad de asistencia jurídica. En conjunto, la unidad proporciona un marco claro y actualizado sobre cómo desenvolverse legalmente en España siendo una persona extranjera.

Glosario

Expulsión

Medida legal por la que una persona extranjera debe abandonar el país por incumplimiento de las leyes o falta de documentación.

Extranjería

Área del derecho que regula la entrada, residencia, trabajo y derechos de las personas extranjeras en un país.

Permiso de residencia

Documento legal que autoriza a una persona extranjera a vivir en España durante un período determinado.

Permiso de trabajo

Autorización para que una persona extranjera pueda realizar una actividad laboral en España de forma legal.

Trámite administrativo

Conjunto de pasos oficiales que deben seguirse ante la Administración para conseguir un permiso, renovar documentos o regularizar una situación.

Ejercicios de autoevaluación

1. ¿Qué ley regula los derechos y deberes de las personas extranjeras en España?

a. Ley Orgánica 4/2000.

b. Ley de Integración Nacional.

c. Código Civil.

d. Ley de Nacionalidad Española.

2. ¿Qué derecho tienen las personas extranjeras, aunque estén en situación irregular?

a. A votar en elecciones generales.

b. A recibir prestaciones por desempleo.

c. A la asistencia sanitaria de urgencia.

d. A viajar libremente por la Unión Europea.

3. ¿Cuál de los siguientes es un deber legal de toda persona extranjera residente en España?

a. Inscribirse en el consulado de su país.

b. Participar en asociaciones locales.

c. Empadronarse en su municipio de residencia.

d. Aprender el idioma oficial de la comunidad autónoma.

4. ¿Qué tipo de residencia se obtiene tras cinco años de residencia legal y continuada?

a. Residencia temporal.

b. Residencia por arraigo.

c. Residencia humanitaria.

d. Residencia de larga duración.

5. ¿Cuál es uno de los supuestos por los que se puede aplicar la expulsión del territorio?

    a. No hablar español.

    b. Participar en actividades que alteren el orden público.

    c. No estar empadronado.

    d. No disponer de vivienda propia.

6. ¿Qué colectivo no puede ser expulsado del territorio español?

    a. Personas con visado de turismo.

    b. Menores de edad no acompañados.

    c. Estudiantes sin recursos.

    d. Personas que trabajan sin contrato.

7. ¿Qué documento acredita la situación legal y contiene fotografía y fecha de validez?

    a. NIE.

    b. DNI.

    c. TIE.

    d. Pasaporte.

8. ¿Dónde se solicita un visado para entrar a España desde el país de origen?

    a. En el consulado español correspondiente.

    b. En la comisaría local.

    c. En la Oficina de Extranjería.

    d. En el Ayuntamiento.

9. **¿Qué procedimiento permite a una persona extranjera traer a su cónyuge o hijos?**

   a. Residencia temporal.
   b. Reagrupación familiar.
   c. Solicitud de asilo.
   d. Renovación de visado.

10. **¿Qué tipo de autorización necesita una persona para emprender su propio negocio en España?**

    a. Residencia no lucrativa.
    b. Visado de estudios.
    c. Permiso de turista.
    d. Autorización de trabajo por cuenta propia.

U. A. 9. Derechos y protección legal de las personas extranjeras

Introducción

El respeto a los derechos fundamentales de todas las personas es una base del Estado de derecho. Esta unidad profundiza en las garantías legales que protegen a las personas extranjeras frente a abusos, discriminación o explotación. Se explican los delitos específicos relacionados con la vulneración de derechos, las penas previstas en el Código Penal y los mecanismos de protección frente a situaciones como la trata de seres humanos. La información ofrecida busca fortalecer la capacidad de defensa personal y el acceso a la justicia.

Objetivos

- Conocer las garantías legales recogidas en el Código Penal que protegen a las personas extranjeras.
- Identificar los delitos más comunes que afectan a la población migrante.
- Comprender las penas aplicables a quienes vulneran derechos fundamentales.
- Reconocer los mecanismos legales de protección ante la trata de seres humanos.

1. Introducción al Código Penal español

El **Código Penal español** es el conjunto de normas legales que definen las conductas consideradas delitos y las sanciones correspondientes. Su objetivo principal es proteger los derechos y libertades de todas las personas, garantizar la convivencia pacífica y asegurar el respeto a la legalidad.

Este cuerpo legal se estructura en dos libros:

- El **Libro I** establece las disposiciones generales, como el tipo de penas, la responsabilidad penal y las reglas para la aplicación de las normas.
- El **Libro II** recoge los delitos concretos (como el robo, la agresión o la trata de personas), organizados por materias: contra las personas, la libertad, la propiedad, el orden público, etc.

Todas las personas, independientemente de su nacionalidad o situación administrativa, están protegidas por el Código Penal. La ley establece con claridad que no puede haber discriminación por razón de origen, raza, sexo, religión o cualquier otra condición personal o social.

Fig. 1. El principio de igualdad ante la ley está recogido en la Constitución Española (art. 14), lo que significa que el Código Penal se aplica de la misma forma a nacionales y a personas extranjeras

Además, el Código Penal incluye artículos específicos que castigan la discriminación, la vulneración de derechos fundamentales, la explotación laboral, la trata de seres humanos o la denegación arbitraria de servicios básicos a personas extranjeras.

2. Delitos relacionados con la vulneración de derechos de personas extranjeras

El Código Penal español tipifica como delito cualquier acto que atente contra los derechos fundamentales de las personas, incluidos los de quienes se encuentran en situación administrativa irregular.

Algunas de las conductas más relevantes son:

- **Delitos contra los derechos de los trabajadores extranjeros** (art. 311, 312 y 313 del Código Penal), como el empleo de personas extranjeras sin autorización de residencia o trabajo en condiciones de explotación, o la imposición de condiciones laborales que vulneren su dignidad.
- **Discriminación por razón de origen o etnia** (art. 510), que castiga los discursos o actos de odio, incitación a la violencia o humillación hacia personas extranjeras por su procedencia o cultura.
- **Delitos contra la libertad** (arts. 163-172), como las detenciones ilegales, las coacciones o amenazas, que también protegen a las personas extranjeras frente a posibles abusos, especialmente cuando se hallan en situación de vulnerabilidad.

Ejemplo

Una persona extranjera sin papeles que es obligada a trabajar más de 12 horas al día, sin contrato, sin descanso, y bajo amenazas de ser denunciada a la policía si reclama sus derechos, está siendo víctima de un delito contra los derechos de los trabajadores.

- **Delito de trata de seres humanos** (art. 177 bis), que se analiza en profundidad en otro apartado de esta unidad, ya que afecta de forma grave a muchas personas migrantes, especialmente mujeres y menores.
- **Delito de omisión del deber de socorro** (art. 195), aplicable si se niega ayuda médica o protección a una persona extranjera en situación de peligro por su situación administrativa.

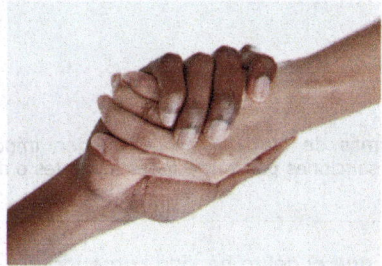

Fig. 2. La ley penal protege especialmente a las personas en situación de mayor vulnerabilidad, como puede ser el caso de quienes han migrado forzadamente, carecen de apoyo familiar o desconocen el idioma

3. Penas aplicables a los delitos contra los derechos de las personas extranjeras

Las penas establecidas en el Código Penal español para los delitos que afectan a los derechos de las personas extranjeras varían en función de la gravedad del hecho y de si se han producido circunstancias agravantes, como la situación de vulnerabilidad de la víctima.

En general, las penas aplicables pueden ser:

- **Pena de prisión**, que puede ir desde pocos meses hasta varios años. Por ejemplo, emplear a personas extranjeras sin autorización de residencia en condiciones de explotación puede conllevar de **2 a 5 años de prisión** (art. 311 y 312 CP).
- **Multa económica**, como sanción principal o adicional. Suele aplicarse en delitos relacionados con la contratación irregular de trabajadores o la omisión de asistencia.
- **Inhabilitación para ejercer determinadas actividades**, como contratar empleados, gestionar empresas o realizar tareas relacionadas con la administración pública.

Anotación

En algunos casos, además de la pena penal, pueden imponerse medidas administrativas complementarias, como sanciones por infracciones laborales o de extranjería.

Cuando se demuestra que el delito ha sido cometido por motivos discriminatorios (por ejemplo, racismo o xenofobia), se puede aplicar la agravante por motivos ideológicos, que aumenta la pena (art. 22.4 CP).

Además, las víctimas extranjeras que sufran delitos graves tienen derecho a recibir protección especial, incluyendo medidas como el permiso de residencia temporal por circunstancias excepcionales, asistencia jurídica gratuita o protección frente a represalias.

Ejemplo

Una mujer extranjera víctima de trata para explotación sexual, aunque no tenga documentación, puede acceder a protección y residencia si colabora con las autoridades o si se acredita su situación de vulnerabilidad.

4. Trata de seres humanos: definición, tipos y protección legal (art. 177 bis CP)

El delito de trata de seres humanos está regulado en el artículo 177 bis del Código Penal español y constituye una de las formas más graves de vulneración de los derechos humanos.

La **trata de personas** se define como la captación, transporte, traslado, acogida o recepción de personas, recurriendo a la violencia, amenazas, engaño o abuso de una situación de necesidad, con fines de explotación.

Esta puede ser:

- Explotación sexual, especialmente frecuente en el caso de mujeres y niñas.
- Explotación laboral, en condiciones que atentan contra la dignidad.
- Mendicidad forzada.
- Explotación para cometer delitos (por ejemplo, usar a menores para robar).
- Tráfico de órganos.

Vocabulario

Trata de personas no es lo mismo que **tráfico de personas**. El tráfico implica cruce de fronteras de forma ilegal, mientras que la trata implica explotación, incluso dentro del mismo país.

Las penas por trata de seres humanos son severas: de 5 a 8 años de prisión, que pueden aumentar hasta 15 años si se dan circunstancias agravantes, como la trata de menores, violencia física o pertenencia a una organización criminal.

Además de las sanciones penales, la legislación española prevé medidas de protección para las víctimas, como:

- Derecho a información y asistencia jurídica gratuita.
- Acceso a centros de acogida especializados.
- Permiso de residencia temporal por colaboración con las autoridades o por razones humanitarias.
- Protección frente a los tratantes y garantía de no devolución si su vida corre peligro en el país de origen.

Ejemplo

Si una menor extranjera es traída a España con engaños y obligada a trabajar en condiciones abusivas, las autoridades deben protegerla, ofrecerle residencia y asistencia, además de perseguir a los responsables con penas agravadas.

Fig. 3. España está comprometida con los tratados internacionales en materia de lucha contra la trata de seres humanos, como el Convenio del Consejo de Europa de 2005, lo que refuerza la obligación de protección y asistencia a las víctimas

Resumen

La protección de los derechos de las personas extranjeras en España está garantizada por el Código Penal, que establece normas claras para castigar las conductas que vulneran la dignidad, libertad o integridad de las personas, sin importar su nacionalidad o situación administrativa. El Código Penal se estructura en dos libros y recoge, entre otros principios, la igualdad ante la ley y la prohibición de cualquier forma de discriminación, conforme al artículo 14 de la Constitución Española.

Entre los delitos que afectan especialmente a las personas extranjeras se encuentran aquellos relacionados con la explotación laboral, la discriminación por origen o etnia, las coacciones, y sobre todo, la trata de seres humanos, que es considerada una de las formas más graves de vulneración de derechos. Estos delitos se agravan cuando las víctimas se encuentran en situaciones de especial vulnerabilidad, como sucede frecuentemente con quienes migran sin recursos o sin redes de apoyo.

Las penas aplicables varían en función del delito, e incluyen prisión, multas e inhabilitación profesional. Además, el Código Penal contempla circunstancias agravantes, como la motivación xenófoba o la pertenencia a organizaciones criminales, que pueden incrementar la condena. Junto a las sanciones penales, se prevé también una respuesta protectora hacia las víctimas, como permisos de residencia por colaboración con la justicia o por razones humanitarias, asistencia jurídica gratuita y acceso a recursos de acogida.

En el caso concreto de la trata de seres humanos, el artículo 177 bis del Código Penal define este delito como la captación, transporte o acogida de personas mediante engaño, coacción o abuso de necesidad, con fines de explotación sexual, laboral, mendicidad forzada o tráfico de órganos. Las penas por este delito pueden alcanzar hasta 15 años de prisión en los casos más graves, especialmente cuando afectan a menores o se cometen con violencia o intimidación.

Glosario

Código Penal
Conjunto de leyes que regulan los delitos y las penas que se aplican cuando se cometen.

Delito
Acción contraria a la ley que puede ser castigada con multa, prisión u otras sanciones.

Discriminación
Trato injusto o desigual hacia una persona por su origen, género, religión u otra característica personal.

Protección legal
Conjunto de medidas jurídicas que garantizan los derechos de las personas, especialmente en situaciones de vulnerabilidad.

Trata de seres humanos
Crimen que consiste en captar, trasladar o retener a personas con fines de explotación (laboral, sexual, etc.), muchas veces mediante engaño o violencia.

Ejercicios de autoevaluación

1. ¿Cuál es la finalidad principal del Código Penal español?

    a. Controlar los impuestos y las tasas estatales.

    b. Proteger los derechos y libertades de todas las personas.

    c. Organizar las competencias entre comunidades autónomas.

    d. Regular la inmigración y la extranjería.

2. ¿En qué libro del Código Penal se recogen los delitos concretos?

    a. En el Libro III.

    b. En el preámbulo del Código.

    c. En el Libro II.

    d. En la Constitución Española.

3. ¿Cuál de los siguientes delitos puede afectar directamente a personas extranjeras?

    a. Explotación laboral sin contrato.

    b. Conducción sin carnet.

    c. Uso indebido de la vía pública.

    d. Aparcamiento en zona restringida.

4. ¿Qué principio establece que todas las personas deben ser tratadas por igual ante la ley?

    a. Principio de proporcionalidad.

    b. Principio de igualdad ante la ley.

    c. Principio de subsidiariedad.

    d. Principio de neutralidad.

5. ¿Qué artículo del Código Penal regula el delito de trata de seres humanos?

   a. Artículo 155.

   b. Artículo 510.

   c. Artículo 177 bis.

   d. Artículo 22.

6. ¿Cuál es una de las penas más comunes por vulnerar derechos de personas extranjeras?

   a. Prisión.

   b. Exilio temporal.

   c. Multa de tráfico.

   d. Servicio comunitario obligatorio.

7. ¿Qué agravante puede aumentar la pena si el delito se comete contra una persona extranjera?

   a. Falta de pruebas.

   b. Discriminación por origen étnico.

   c. Situación regular de la víctima.

   d. Nacionalidad española del agresor.

8. ¿Qué se entiende por trata de seres humanos según el Código Penal?

   a. El traslado voluntario de personas entre países.

   b. El cruce irregular de fronteras con ayuda de terceros.

   c. La captación y explotación de personas mediante coacción o engaño.

   d. La acogida de migrantes en centros de ayuda humanitaria.

9. **¿Qué tipo de explotación NO forma parte de las tipologías de trata reconocidas por la ley?**

   a. Explotación sexual.
   b. Explotación laboral.
   c. Mendicidad forzada.
   d. Enseñanza del idioma.

10. **¿Qué derecho tiene una víctima extranjera de un delito grave en España?**

    a. Solo puede denunciar si tiene permiso de residencia.
    b. No puede acceder a ningún servicio si está en situación irregular.
    c. Puede obtener un permiso de residencia temporal por razones humanitarias.
    d. Debe salir del país de inmediato.

Aplicaciones prácticas

Aplicación práctica 1. Funcionamiento de la Administración y del Estado en España

Unidad de aprendizaje 1: La Administración y el Estado en España

Hassan es un ciudadano marroquí que lleva dos años residiendo en España, empadronado en un pequeño municipio de la provincia de Huelva. Recientemente ha tenido varios problemas relacionados con su situación laboral y el acceso a ciertos servicios públicos.

1. Su empleador ha dejado de pagarle el salario durante dos meses y, al reclamar, le ha dicho que "si no le gusta, se puede ir, que no tiene derechos por ser extranjero".

2. Al intentar acudir al centro de salud, le han pedido que actualice su tarjeta sanitaria. Cuando fue al ayuntamiento, le dijeron que tenía que empadronarse de nuevo.

Desorientado, Hassan decide acudir a una asociación local de apoyo a personas migrantes. Allí le explican que en España existen diferentes niveles de gobierno y que sus derechos están protegidos por la Constitución.

A partir del caso de Hassan, responde razonadamente:

- ¿Qué nivel de la administración pública debe gestionar su empadronamiento y por qué es necesario?
- ¿Qué debe hacer ante la falta de pago por parte de su empleador? ¿A qué poder del Estado puede acudir para hacer valer sus derechos?
- ¿Por qué es importante que Hassan conozca los principios del Estado social y democrático de derecho?

Aplicación práctica 2. Sistema sanitario público español

Unidad de aprendizaje 3: Sanidad y servicios sociales

Petro es un ciudadano de 27 años procedente de Ucrania. Llegó a España hace cinco meses y actualmente reside en un piso compartido en Sevilla. Está empadronado desde hace tres meses, pero todavía no ha tramitado su tarjeta sanitaria. Una tarde, Petro comienza a sentir un dolor muy fuerte en la parte baja del abdomen y acude al centro de salud más cercano, donde lo atienden en urgencias.

Tras mejorar, el personal sanitario le indica que debe hacer seguimiento con el médico de familia, pero Petro tiene dudas: no sabe si puede acceder a un médico asignado, cómo obtener su tarjeta, si tendrá que pagar los medicamentos o si necesita seguro privado. También teme que su situación administrativa complique el acceso al sistema de salud.

Ayuda a Petro a aclarar sus dudas y a dar los pasos necesarios para acceder con normalidad al sistema sanitario público español.

- ¿Puedo tener médico de cabecera si estoy empadronado?
- ¿Qué necesito para tener tarjeta sanitaria?
- ¿Tengo derecho a atención si no tengo papeles?
- ¿Tendré que pagar los medicamentos recetados?
- ¿Dónde debo acudir para iniciar los trámites?

Aplicación práctica 3. Acceso a una vivienda en España

Unidad de aprendizaje 6: Acceso y gestión de la vivienda

Matías y María son una pareja joven de Argentina, que ha llegado recientemente a Andalucía con su hijo menor de edad. Tienen residencia legal, están empadronados en el municipio y cuentan con un contrato de trabajo temporal. Sus ingresos familiares mensuales son de 1.100 €. Actualmente viven de forma provisional en casa de un familiar, pero desean alquilar una vivienda propia para establecerse de forma estable. Su prioridad es que esté cerca del colegio de su hijo y que puedan asumir los gastos mensuales sin dificultad. No conocen bien cómo funciona el mercado inmobiliario en España ni a qué ayudas pueden optar.

Tras buscar por internet, encuentran un piso de 550 € en alquiler que se ajusta a sus necesidades. La propietaria les ofrece firmar un contrato por un año y solicita una fianza equivalente a un mes de alquiler. La pareja no tiene claro qué derechos tienen como inquilinos, qué documentos deben presentar y si pueden solicitar alguna ayuda pública.

- ¿Qué tipo de contrato deberían firmar y qué elementos debe incluir?
- ¿Qué derechos y deberes tienen como inquilinos en este caso?
- ¿Qué pasos pueden seguir para acceder a ayudas al alquiler?
- ¿Sería útil para ellos contratar un seguro del hogar?

Aplicación práctica 4. Impuestos del sistema tributario español

Unidad de aprendizaje 7: El sistema fiscal en España

Imagina que Laura, una mujer extranjera que lleva un año viviendo y trabajando en España, está aprendiendo cómo funcionan los impuestos en su día a día. Ha recopilado varias situaciones que ha vivido últimamente y quiere saber en cuáles está pagando IRPF y en cuáles está pagando IVA.

Completa la siguiente tabla en la que indiques el impuesto del que se trata en cada caso.

Tipo de impuesto	Caso
	Me descuentan un porcentaje de mi sueldo cada mes en la nómina.
	He comprado un champú en el supermercado y el ticket mostraba un 21 % añadido al precio.
	He presentado la declaración anual de mis ingresos por trabajo.
	Al pagar en el restaurante, vi que el precio incluía un impuesto del 10 %.
	He empezado a alquilar mi piso y ahora tengo que declarar esos ingresos.
	Al comprar unas gafas, noté que se aplicaba un tipo reducido del 10 %.
	Mi gestor me explicó que como autónoma debo declarar mis ingresos trimestralmente.
	Al adquirir un libro en una librería, vi que el impuesto aplicado era solo del 4 %.

Aplicación práctica 5. Regularización de personas extranjeras

Unidad de aprendizaje 8: Extranjería y el sistema jurídico español

En una ciudad andaluza, tres personas extranjeras con trayectorias y situaciones distintas solicitan asesoramiento legal. El Ayuntamiento cuenta con un punto de orientación para inmigrantes y han acudido allí para saber si pueden regularizar su situación y cómo afectan sus antecedentes o circunstancias personales.

- **Ahmed. Nacionalidad marroquí:** Lleva 3 años en España, sin autorización de residencia, pero trabajando en negro en la construcción. Vive alquilado con contrato informal y cuenta con una carta de una asociación vecinal que acredita su integración. No tiene antecedentes penales. Una empresa local está dispuesta a contratarle si puede regularizarse.
- **Ludmila. Nacionalidad ucraniana:** Entró legalmente con visado de estudios hace un año. Acaba de finalizar su formación como auxiliar de enfermería y desea quedarse a trabajar. Un centro geriátrico le ha ofrecido un contrato. Tiene permiso vigente como estudiante, pero no autorización de trabajo.
- **Samuel. Nacionalidad nigeriana:** Fue detenido hace unos meses por venta ambulante sin licencia. Tenía orden de expulsión previa por entrada irregular, pero nunca abandonó el país. Recientemente ha solicitado protección internacional por motivos de persecución en su país. Está en un centro de acogida y ha iniciado un curso de integración.

¿Qué trámite o figura legal podría solicitar cada uno para regularizar su situación? Relaciona cada caso con un procedimiento concreto de extranjería, justificando por qué es viable o no.

¿Cuál de los tres podría estar en mayor riesgo de expulsión? ¿Por qué? Valora los supuestos legales de expulsión en el caso concreto y la posibilidad de que se ejecute o no.

Ejercicio de evaluación final

1. ¿Qué se exige para acceder a la mayoría de becas al estudio?

    a. Haber nacido en España.

    b. Tener nacionalidad europea.

    c. Cumplir requisitos económicos y estar matriculado.

    d. Estudiar en un centro privado.

2. ¿Qué valor fomenta especialmente el sistema educativo en contextos multiculturales?

    a. Exclusión.

    b. Competencia económica.

    c. Tolerancia y convivencia.

    d. Aislamiento cultural.

3. ¿Cuál de los siguientes es un deber de los usuarios del sistema de salud?

    a. Reclamar siempre que lo deseen.

    b. Usar adecuadamente los recursos sanitarios.

    c. No seguir las prescripciones si no las entienden.

    d. Cambiar de médico sin motivo.

4. ¿Qué se recomienda a las personas migrantes para acceder al sistema sanitario?

    a. Esperar a tener la nacionalidad.

    b. Acudir directamente al hospital más cercano.

    c. Empadronarse y solicitar la tarjeta sanitaria.

    d. Llamar al consulado correspondiente.

5. ¿Cuál es una barrera común para el acceso sanitario de personas migrantes?

    a. Falta de centros de salud.

    b. Rechazo administrativo por ley.

    c. Barreras lingüísticas o culturales.

    d. Falta de enfermedades que atender.

6. ¿Qué entidad pública puede ofrecer orientación para montar un negocio como autónomo?

    a. Instituto Nacional de Estadística.

    b. Registro Civil.

    c. Cámara de Comercio o Ayuntamiento.

    d. Dirección General de Tráfico.

7. ¿Qué principio se defiende cuando se garantiza que nadie puede ser tratado peor por su origen o género?

    a. Igualdad y no discriminación.

    b. Rentabilidad y productividad.

    c. Eficiencia económica.

    d. Libertad de empresa.

8. ¿Qué se recomienda hacer si una persona sufre discriminación laboral?

    a. Guardar silencio y buscar otro trabajo.

    b. Acudir a un sindicato, asociación o Inspección de Trabajo.

    c. Presentar una queja anónima por redes sociales.

    d. Ignorar la situación hasta que pase.

9. ¿Qué factor puede motivar a una persona a implicarse en su entorno?

    a. La obligación legal.

    b. El anonimato en la comunidad.

    c. El interés por temas sociales o culturales.

    d. La necesidad de trabajo inmediato.

10. ¿Qué recurso puede ayudar a una persona extranjera a integrarse socialmente?

    a. Participar como voluntaria en una actividad local.

    b. Evitar el contacto con organizaciones sociales.

    c. Mantener únicamente vínculos con su comunidad de origen.

    d. Esperar a obtener la nacionalidad para participar.

11. ¿Cuál de estas afirmaciones sobre el seguro del hogar es correcta?

    a. Solo puede contratarlo el propietario.

    b. Nunca cubre daños a terceros.

    c. Puede cubrir tanto estructura como pertenencias.

    d. Es obligatorio por ley para alquilar.

12. ¿Qué ventaja ofrece la vivienda protegida frente a la vivienda del mercado libre?

    a. Mayor superficie.

    b. Precio regulado y accesible para personas con ingresos bajos.

    c. Mayor libertad para reformar.

    d. Sin necesidad de contrato.

13.¿Qué debe hacer una persona para solicitar una subvención al alquiler?

    a. Pedirla por teléfono sin documentación.

    b. Esperar a que el propietario la tramite.

    c. Aportar documentación legal y estar empadronado.

    d. Firmar primero la compraventa de la vivienda.

14.¿Quién debe presentar la declaración del IRPF en España?

    a. Todas las personas extranjeras.

    b. Quienes superen los ingresos mínimos establecidos.

    c. Solo los autónomos.

    d. Solo quienes tienen hijos.

15.¿Cuál de los siguientes impuestos lo gestiona un ayuntamiento?

    a. IVA.

    b. IRPF.

    c. Impuesto sobre el Patrimonio.

    d. Impuesto sobre Bienes Inmuebles (IBI).

16.¿Qué significa que el IRPF sea progresivo?

    a. Que aumenta cada mes.

    b. Que se paga según el país de origen.

    c. A mayor ingreso, mayor porcentaje se paga.

    d. Que solo lo pagan los empresarios.

17. ¿Cuál de los siguientes trámites es obligatorio para acceder a la sanidad pública?

a. Solicitar el NIE.

b. Estar empadronado en el municipio.

c. Tener nacionalidad española.

d. Disponer de contrato indefinido.

18. ¿Qué derecho se mantiene incluso durante el proceso de expulsión?

a. A la nacionalidad española.

b. A la defensa jurídica y a interponer recursos.

c. A trabajar en otro país europeo.

d. A cobrar prestaciones.

19. ¿Qué trámite deben realizar las personas extranjeras al cambiar de domicilio?

a. Renovar su visado.

b. Actualizar su empadronamiento.

c. Pedir un nuevo pasaporte.

d. Solicitar un permiso de trabajo nuevo.

20. ¿Qué diferencia hay entre trata de personas y tráfico de personas?

a. La trata implica explotación; el tráfico, cruce de fronteras.

b. El tráfico es más grave que la trata.

c. La trata solo ocurre en países desarrollados.

d. No hay ninguna diferencia legal.

Solucionario

U. A. 1. La Administración y el Estado en España

1. d	**6.** b
2. d	**7.** a
3. b	**8.** b
4. c	**9.** b
5. b	**10.** a

U. A. 2. Sistema educativo y acceso a la educación

1. c	**6.** c
2. c	**7.** c
3. b	**8.** d
4. a	**9.** b
5. c	**10.** c

U. A. 3. Sanidad y servicios sociales

1. b	**6.** b
2. b	**7.** b
3. a	**8.** c
4. b	**9.** b
5. c	**10.**b

U. A. 4. Empleo y condiciones laborales

1. b	**6.** c
2. a	**7.** b
3. c	**8.** c
4. b	**9.** c
5. d	**10.** a

U. A. 5. Participación ciudadana y convivencia

1. b	**6.** d
2. a	**7.** c
3. b	**8.** c
4. c	**9.** c
5. a	**10.** d

U. A. 6. Acceso y gestión de la vivienda

1. c	**6.** d
2. d	**7.** c
3. c	**8.** c
4. b	**9.** b
5. a	**10.** a

U. A. 7. El sistema fiscal en España

1. b

2. b

3. c

4. c

5. d

6. b

7. b

8. b

9. a

10. b

U. A. 8. Extranjería y el sistema jurídico español

1. a

2. c

3. c

4. d

5. b

6. b

7. c

8. a

9. b

10. d

U. A. 9. El sistema fiscal en España

1. b

2. c

3. a

4. b

5. c

6. a

7. b

8. c

9. d

10. c

Bibliografía

Legislación

Constitución Española de 1978. Boletín Oficial del Estado, 311, 29313-29424.

Ley 14/1986, de 25 de abril, General de Sanidad. Boletín Oficial del Estado, 102, 15207–15224.

Ley 29/1998, de 13 de julio, reguladora de la Jurisdicción Contencioso-Administrativa. Boletín Oficial del Estado, 167, 23516–23562.

Ley 35/2006, de 28 de noviembre, del Impuesto sobre la Renta de las Personas Físicas. Boletín Oficial del Estado, 285, 41734–41788.

Ley 37/1992, de 28 de diciembre, del Impuesto sobre el Valor Añadido. Boletín Oficial del Estado, 312, 44247–44288.

Ley Orgánica 10/1995, de 23 de noviembre, del Código Penal. Boletín Oficial del Estado, 281, 33987–34058.

Ley Orgánica 2/2006, de 3 de mayo, de Educación. Boletín Oficial del Estado, 106, 17158–17207.

Ley Orgánica 4/2000, de 11 de enero, sobre derechos y libertades de los extranjeros en España y su integración social. Boletín Oficial del Estado, 10, 1139–1151.

Real Decreto 557/2011, de 20 de abril, por el que se aprueba el Reglamento de la Ley Orgánica 4/2000 sobre derechos y libertades de los extranjeros en España. Boletín Oficial del Estado, 103, 43821–43987.

Real Decreto Legislativo 2/2015, de 23 de octubre, por el que se aprueba el texto refundido de la Ley del Estatuto de los Trabajadores. Boletín Oficial del Estado, 255, 97335–97430.

Real Decreto Legislativo 8/2015, de 30 de octubre, por el que se aprueba el texto refundido de la Ley General de la Seguridad Social. Boletín Oficial del Estado, 261, 103291–104049.

Webgrafía

Estado de Bienestar en España: transformaciones y tendencias de cambio en el marco de la Unión Europea
https://www.foessa.es/capitulos/estado-de-bienestar-en-espana-transformaciones-y-tendencias-de-cambio-en-el-marco-de-la-union-europea/

Funciones del Sistema Nacional de Salud en España
https://ifses.es/sistema-nacional-de-salud-espana/

Las claves del éxito del sistema sanitario español
https://sedisa.net/actualidad/las-claves-del-exito-del-sistema-sanitario-espanol/

Lo que necesitas saber sobre el sistema educativo en España
https://www.educacionfpydeportes.gob.es/atencion-educativa-ucranianos/sistemas-educativos.html

Organización de España
https://www.lamoncloa.gob.es/espana/organizacionestado/paginas/index.aspx

¿Qué impuestos hay?
https://www.agenciatributaria.es/AEAT.educacion/Profesores_VT3_es_ES.html

Trámites de extranjería en España: Todo lo que necesitas saber
https://novaextranjeria.com/blog/tramites-extranjeria-espana/